"金砖四国"基础设施
投资溢出效应的比较研究

蔡甜甜◎著

A Comparative Study on the Effects
of Infrastructure Investment in BRIC

中国财经出版传媒集团

经济科学出版社

Economic Science Press

图书在版编目（CIP）数据

"金砖四国"基础设施投资溢出效应的比较研究/
蔡甜甜著.—北京：经济科学出版社，2021.11
ISBN 978 - 7 -5218 -3125 -2

Ⅰ.①金…　Ⅱ.①蔡…　Ⅲ.①基础设施 - 投资 - 对比
研究 - 巴西、印度、俄罗斯、中国　Ⅳ.①F299.1

中国版本图书馆 CIP 数据核字（2021）第 246721 号

责任编辑：于　源　姜思伊
责任校对：王肖楠
责任印制：范　艳

"金砖四国"基础设施投资溢出效应的比较研究
蔡甜甜　著
经济科学出版社出版、发行　新华书店经销
社址：北京市海淀区阜成路甲 28 号　邮编：100142
总编部电话：010 - 88191217　发行部电话：010 - 88191522
网址：www. esp. com. cn
电子邮箱：esp@ esp. com. cn
天猫网店：经济科学出版社旗舰店
网址：http://jjkxcbs. tmall. com
北京密兴印刷有限公司印装
710 × 1000　16 开　10 印张　160000 字
2021 年 12 月第 1 版　2021 年 12 月第 1 次印刷
ISBN 978 - 7 -5218 -3125 -2　定价：42.00 元
（图书出现印装问题，本社负责调换。电话：010 - 88191510）
（版权所有　侵权必究　打击盗版　举报热线：010 - 88191661
QQ：2242791300　营销中心电话：010 - 88191537
电子邮箱：dbts@ esp. com. cn）

前　　言

后危机时代，全球经济深度调整，发展中国家经济发展面临诸多挑战与多重困境，如结构调整难度大、传统优势逐渐减弱、出口扩张压力大和政府权力过度集中等。在此背景下，加大基础设施投资既能推动东道国经济乃至世界经济增长，又有利于东道国经济结构调整和产业结构升级，从而促进经济持续稳定发展。林毅夫在博鳌亚洲论坛中提出，加大对发展中国家基础设施投资，既有利于消除发展中国家增长的瓶颈，带来较高的经济与社会收益，又可以促进对发达国家资本品的需求，从而为发达国家创造就业、收入和增长。习近平主席在 G20 杭州峰会上也提出，发展中国家应该加强基础设施投资与合作，充分发挥基础设施的辐射效应与带动效应，促进全球经济复苏与增长。因此，提高基础设施水平已经成为发展中国家实现经济增长与结构转型的重要途径。

"金砖四国"（BRIC）首次由美国高盛公司首席经济师吉姆·奥尼尔于 2001 年提出。BRIC 引用了巴西、俄罗斯、印度和中国英语国名的首个字母，由于与英语单词"brick（砖）"类似，因此被称为"金砖四国"。本书选取"金砖四国"为研究对象，主要出于以下三个方面的考虑。第一，与其他国家相比，"金砖四国"具有独特优势，主要表现在该四国拥有庞大的国土面积、丰富的资源禀赋、大量的廉价劳动力、巨大的市场需求潜力等，是最具代表性的发展中经济体和新兴经济体。第二，"金砖四国"是世界上四个最大的发展中国家，其经济发展水平、发展潜力和发展模式存在一定的相似之处，具有较高的可比性。第三，"金砖四国"都处于经济结构调整与转型的关键时期，对该四国的比较研究有利于各国在基础设施投资方面取长补度、加强合作，充分发挥基础设施投资的辐射效应和带动效应，从而促进本国经济转型与经济可持续发展。

本书对"金砖四国"基础设施投资溢出效应展开比较研究，无论对"金砖四国"的经济增长与转型，还是对其他发展中东道国经济稳定增长，都具有重要的意义。理论上，该研究将基础设施投资与经济增长结合起来，有助于丰富经济增长理论体系的研究内涵，推进基础设施投资与发展中东道国经济增长关系的研究，并为相关领域的研究者提供参考。实践上，本书的研究有助于为"金砖四国"科学合理地制定相关投资政策提供参考，加快实现经济增长方式的转型以及经济高质量发展。

本书立足于对相关统计数据的收集和现有中外文献的梳理，注重方法的运用与问题的研究相适应，采用了横向与纵向比较分析相结合、宏观与微观分析相结合、理论与实证分析相结合等方法。本书的结构安排如下：

第一部分为第1章，即引言。此部分对本书进行了概括性的介绍，阐明了本书的选题背景、研究意义、研究方法、结构安排以及创新与不足，并对国内外已有文献进行详细梳理与系统评述，为展开后续研究奠定了扎实的基础。

第二部分为第2~3章，即"金砖四国"基础设施的现状与基础设施投资规模的比较分析。此部分首先对"金砖国家"基础设施水平的现状进行详细描述，然后以2000~2013年统计数据为基础，分别从能源、交通、通信、教育和卫生基础设施投资流量和存量角度对"金砖四国"基础设施投资进行了比较分析。

第三部分为第4~9章，即"金砖四国"基础设施投资溢出效应的实证分析，这部分为本书的核心内容。此部分通过理论与实证研究，对"金砖四国"基础设施投资的资本形成、经济增长、技术溢出、企业生产成本节约、产业带动和出口进行效应进行了比较分析，并得出结论。

第四部分为第10章，即研究结论与政策建议。此部分基于前文的分析给出了概括性的结论，并提出政策建议。

本书的创新之处主要体现在以下三个方面：

第一，基础设施是国民经济赖以发展的基础，而深入研究"金砖四国"基础设施投资的溢出效应，依赖于一套完整的基础设施投资数据。目前，除美国以外，其他各国官方统计数据库和国际统计资料并未公布这一完整的数据资料。本书基于《世界投入产出表》（2013 版）对"金砖四国"的基础设施投资规模进行了估算，为进一步研究"金砖四国"基础设施投资溢出效应提供了一套可靠的历史数据。

第二，已有文献主要从宏观层面来考察基础设施投资对经济增长的影响，本书不仅从宏观层面分析了基础设施投资对经济增长的影响，还从产业层面深入研究了"金砖四国"基础设施投资对经济增长影响的微观机制。这是本书最重要的创新之处。本书基于"金砖四国"34 个行业数据，对"金砖四国"基础设施投资的资本形成、企业生产成本节约和产业带动效应进行了详细研究，对理解"金砖四国"经济增长的微观机制提供了新的视角。

第三，本书的研究得出了一些有益的结论："金砖四国"能源基础设施投资能促进经济增长、带动第二产业发展以及提高出口规模，但能源基础设施投资不能提高四国的技术水平以及出口复杂度；交通和通信基础设施投资对经济增长、技术溢出、第三产业拉动、出口规模及出口复杂度均具有显著的正效应，表明加大交通和通信基础设施投资是各国实现经济转型和产业结构升级的重要措施。

本书的不足之处存在以下几个方面：

第一，目前，各类官方统计资料并没有直接公布"金砖四国"货币形式的基础设施投资数据。不同学者对基础设施投资的估算方法不同。本书根据世界银行对基础设施投资范围的界定，对"金砖四国"基础设施投资流量和存量进行估算。鉴于数据的可得性，本书并未采用多种方法对四国的基础设施投资进行估算和对比，并将该结果运用到实证模型的稳健性检验中。

第二，由于语言的限制，本书的文献综述以中文和英文为主，缺少以俄语和葡萄牙语为语言基础的相关文献研究，这在一定程度上影响了文献综述的丰富性和翔实程度。

第三，本书以比较"金砖四国"基础设施投资溢出效应为主，对基础设施的最优投资规模、最佳投资区域、最优政策工具以及投融资方式等问题仍有待进一步研究。

目　　录

第1章

引　言

1.1　选题背景与研究意义

1.1.1　选题背景

自 20 世纪末以来，以"金砖四国"① ——巴西、中国、印度和俄罗斯为代表的新兴经济体经济实力和综合国力迅速增强，对世界经济发展和国际政治格局产生了深远的影响。特别是 2008 年金融危机以后，美国、欧洲和日本等发达经济体遭受重创，随后，欧盟又陷入严重的债务危机，而以巴西、中国、印度和俄罗斯为代表的新兴市场国家继续保持强劲的增长势头，对世界经济的复苏起到了举足轻重的作用。因此，"金砖四国"的发展已成为当前世界经济研究领域的热点之一。

1. "金砖四国"经济发展迅速，在世界格局中的地位不断上升

作为最具代表性的发展经济体和新兴经济体，"金砖四国"凭借其巨大的国土面积、丰富的资源禀赋、巨大的市场潜力和高速的经济增长，在世界经济中的地位不断上升。2019 年，"金砖四国"的国土面积占世界国土总面积的比重为 29.131%；人口占世界总人口的比重为

---

① 注：本文没有选取"金砖五国"进行研究的主要原因是南非的相关数据缺失严重。

40.653%；进出口贸易总额占世界进出口贸易总额的比重为15.549%；GDP占世界GDP的比重为23.670%，对世界经济增长的贡献率超过了60%①。

"金砖四国"经济实力显著提升。在GDP总量方面，2019年，世界GDP总量为876975.190亿美元，巴西的GDP为18397.58亿美元，世界排名第九；中国的GDP为143429.028亿美元，世界排名第二；印度的GDP位28751.423亿美元，世界排名第五；俄罗斯的GDP为16998.7658亿美元，世界排名第十一。在经济增长方面，2000~2019年，"金砖四国"的经济平均增长率为5.407%，其中，巴西为2.391%、中国为9.022%、印度为6.514%、俄罗斯为3.702%，超过了欧盟1.385%的平均增长率及2.921%的世界经济平均增长率。② 这足以说明"金砖四国"已成为推动世界经济增长的重要引擎，并将是进一步带动世界经济全面复苏的一支新生力军。

2. 后危机时代，"金砖四国"自身发展面临诸多挑战

后危机时代，世界经济结构发生了诸多变动，"金砖四国"自身发展仍面临着诸多制约因素与挑战，如结构调整难度大、传统优势减弱、出口扩张压力大、政府权力过度集中、环境污染严重等。具体而言，巴西所面临的主要挑战是如何通过宏观经济政策来解决国内持续存在的滞胀问题、如何改善消费结构，提高投资率和投资效率，实现经济转型与持续发展。中国面临的主要挑战是如何通过扩大国内消费来降低经济增长对投资和出口的依赖，另外中国还将着力解决如下困境：廉价资源供给逐步终结、人口红利逐渐衰减、房地产市场下行、低成本资金供给潜力消失、环境污染严重等。未来几年，中低速增长将成为中国经济的"新常态"，这也是中国进行结构调整的关键时期。印度面临的挑战主要包括沉重的人口负担、不平衡的产业结构、落后的基础设施以及尖锐的宗教矛盾。印度公共部门应考虑如何确保经济稳定增长的同时，提高基础设施水平，推进农业、农村发展，让经济增长的成果普惠共享。俄罗斯面临的最大挑战是经济结构改革。自乌克兰危机升级以来，俄罗斯

---

①② 《世界银行发展指标》：https：//databank. worldbank. org/reports. aspx? source = world - development - indicators#。

面临诸多困境:资本外逃、货币贬值、西方制裁以及石油价格下跌等。西方制裁和国际原油价格下跌导致了俄罗斯经济的衰退,但最根本、最重要的因素在于俄罗斯经济结构比较单一,过度依赖能源和原材料工业的发展。因此,加快经济结构改革、实现经济的非能源化和多元化是俄罗斯面临的最大挑战。

总之,"金砖四国"虽然在抵御金融危机方面率先实现了经济复苏,但经济结构不合理的状况并未因经济快速增长而自动得到调整。调整与优化经济结构是"金砖四国"面临的共同挑战。并且,如何加快实现经济结构调整与转型也是"金砖四国"实现经济持续增长、大国赶超的重要途径。

3. "金砖四国"基础设施投资对经济增长与转型具有重要作用

第二次世界大战以后,随着西方经济发展和城市化扩张带来的供电、供水、公路、铁路、医疗、卫生设备等基础设施的大量投资与建设,基础设施投资对东道国经济复苏和经济增长的影响引起了世界各国政府和学术界的广泛关注。基础设施投资作为一种投资既可以直接促进经济增长,又可以通过溢出效应间接地促进经济增长。[①] 基础设施投资对经济增长的直接促进作用表现在其作为一种投资直接计入在支出法国内生产总值账户中。基础设施投资创造的产出增加值越大,将直接引起国内生产总值的增加越多,从而促进经济的增长。基础设施投资对经济增长的间接促进作用主要体现在基础设施对全要素生产率的影响。基础设施尤其是经济基础设施通过规模效应和网络效应降低企业生产成本、提高企业生产效率,对经济增长向效率驱动转型具有重要作用。

值得一提的是,为应对金融危机和促进本国经济增长,"金砖四国"加大了对基础设施投资的力度,基础设施投资额年均增速均超过了12%,对该四国的经济增长起到了举足轻重的作用。关于中国基础设施投资溢出效应的相关研究较为丰富,但关于两国或多国基础设施投资的比较研究较为匮乏,对"金砖四国"基础设施投资的资本形成、经济增长、技术溢出、企业生产成本节约、产业带动和出口效应进行横向与

---

① 刘建国,张文忠. 中国区域全要素生产率的空间溢出关联效应研究 [J]. 地理科学,2014 (34):522 - 530.

纵向比较的研究更是近乎空白,而这也将是本书所努力的方向。

1.1.2 研究意义

1. 理论意义

随着新兴经济体在国际经济和政治领域中的地位不断上升,进一步系统地比较研究新兴经济体基础设施投资溢出效应具有重要意义。作为最具代表性的新兴经济体和发展中经济体,"金砖四国"是较好的研究对象。因此,对"金砖四国"基础设施投资溢出效应比较研究的理论意义在于:

第一,有助于丰富和推进基础设施投资与经济增长关系的研究。本书的研究旨在通过选取"金砖四国"这一最具代表性的研究对象,从基础设施投资溢出效应这一视角对基础设施投资与东道国经济增长之间的关系进行较为深入的比较研究。现有关于发展中东道国基础设施投资溢出效应的文献,大都单纯以中国为研究对象,关于多个国家基础设施投资及其溢出效应的比较研究相当匮乏。因此,本书的研究有助于丰富和推进基础设施投资与发展中东道国经济增长之间关系的研究。

第二,有助于丰富经济增长理论的研究内涵。将基础设施投资作为内生变量,研究其对经济增长的影响,必然会拓宽内生经济增长理论的研究范畴。已有的经济增长理论,多是从宏观经济视角出发展开的研究,本书还从微观视角对基础设施投资溢出效应进行了深入研究,有助于拓宽经济增长微观机制和渠道等方面的理论研究。

第三,有助于为其他学者的相关研究提供研究参考。本书对现有文献进行了详细的归纳和总结,有利于相关方向的研究者更好地把握下一步研究内容和方向。同时,本书基础设施投资规模估算、基础设施投资溢出效应的理论模型、计量方法以及研究结论,可以为相关领域的研究者提供思路和参考。这也将进一步推动基础设施投资与经济增长问题的研究不断深入。

2. 实践意义

本书研究的实践意义主要体现在:

第一,本书形成的关于"金砖四国"基础设施投资规模的测算和

"金砖四国"基础设施投资溢出效应的实证比较研究，得出的结论，将客观、科学地判断"金砖四国"现阶段基础设施水平，以及基础设施投资的资本形成效应、经济增长效应、技术溢出效应、企业生产成本节约效应、产业带动效应和出口效应，将为"金砖四国"科学合理、有针对性地制定相关政策提供参考，加快各国实现经济增长方式的转型。同时，对其他发展中东道国基础设施投资实践也具有一定的借鉴意义。

第二，伴随国家"一带一路"政策的实施以及亚洲基础设施投资银行的建立，中国基础设施投资及中国对外基础设施投资将成为经济发展的主推方向，研究基础设施投资方面的相关内容，将顺应中国未来经济发展的走向。这对我国正在或即将进行海外基础设施投资的相关机构和公司，也具有一定的参考价值。

1.2 文献综述

1.2.1 基础设施的涵义

基础设施一词源于拉丁文 infra 和 stractura。该词早期主要用于军事领域，指包括部队军事行动的、由训练基地和设施等构成的整个系统。[1]《兰登书屋韦氏大学英语词典》将其解释为"一个国家的军事设备，包括运送部队和运输物资时所用的交通设施、能源设施以及通信系统"。[2]《牛津现代高级英汉双语解词典》和《新时代英汉大词典》将基础设施定义为"永久性军事设备"。[3] 可见，基础设施对提高军事能力发挥了重要作用。第二次世界大战以后，世界各国在战后的经济重建中

---

① 陈庆保. 基础设施涵义的演化 [N]. 东南大学学报，2007（9）.
② 兰登书屋辞书编辑室. 兰登书屋韦氏大学英语词典 [M]. 北京：商务印书馆国际有限公司，2016.
③ HOMBY A S. Oxford Advanced Leader's Dictionary of Current English [M]. England：Oxford University Press，1988.

发现，这些所谓的"军事设备"对和平时期的经济建设也具有非常重要的作用。如《美国传统词典》认为，基础设施是"一个社会或团体发挥作用所不可缺少的设备、服务和装置，如水资源、交通运输系统、能源输送管道，以及学校、邮局、监狱等公共机构"。再如《经济大辞典》将其定义为"为生产流通等部门提供服务的各种设施，包括运输、通信、动力、供水、仓库、文化教育、科研、卫生以及其他公共服务设施"。《经济百科全书》中记录了最能体现经济学家对基础设施的界定："基础设施是指能直接或间接提高产出水平或生产效率的各种设施和项目，如公路、铁路、机场、港口、电力设施、电信设备、教育设施，以及一个有组织、有秩序的政府或政治团体"。

20世纪40年代，发展经济学家最早把基础设施运用到经济研究领域。以罗森塞纳·罗丹（Rosenstion-Rodan，1943）等、纳克斯（Nurkse，1953）、赫希曼（Hirschman，1958）为代表的发展经济学家认为，基础设施是社会的先行资本，是实现经济起飞的重要保障。他们注意到，基础设施不仅包括发电设备、运输系统、通信系统、供水设施等所有基础工业，还包括学校、医院、环境等公共设施，这些基础设施的主要作用是提高私人资本的回报率。贝克（Becker，1964）指出，基础设施可分为核心基础设施和人文基础设施，前者包括交通和电力，后者包括医疗卫生和教育，其作用是提高物质资本的生产力和劳动力的生产效率。发展经济学家认为，基础设施的发展包括超前型、平行型和滞后型。罗斯（Rostow，1960）指出，基础设施投资可以为直接生产部门提供外部经济效益，因此，各国应该优先发展基础设施；基础设施投资的特点是高额的初始固定成本和较低的可变运营成本，因此，以营利为目的的私人企业在该行业中的投资非常少，基础设施建设主要由政府参与和管理。与强调优先发展基础设施观点相反，赫希曼（Hirschman，1958）认为，发展中国家经济发展只能从一种非均衡到达另一种非均衡，通过发展优势产业带动其他产业发展，而基础设施投资金额大、回报周期长，应通过发展直接生产部门，再投资建设基础设施部门，从而实现经济增长。

此后，随着经济、社会的不断发展，基础设施的涵义和分类更加丰富。例如，根据服务的行业来分，基础设施包括农业基础设施和工业基础设施；根据经济区域来分，基础设施包括城市基础设施和工程基础设施；根据资金来源来分，基础设施包括公共基础设施和私人基础设施，如私立学校和公立学校；根据发挥的作用来分，基础设施包括国家基础设施和地区基础设施；根据物质产品来分，基础设施包括生产性基础设施和非生产性基础设施；根据建设领域来分，基础设施包括交通、能源、通信、电力、水利等基础设施。[①] 一方面，对基础设施的不同划分都具有一定的合理性，但标准的不统一也导致了实践中使用的不便和理论上的不明确；[②] 另一方面，基础设施的丰富内涵和多种分类体现了经济学家对基础设施的高度关注。

学术界对基础设施的界定进行了大量的探讨，目前已被经济学家们广泛接受的基础设施概念是世界银行于 1994 年发表的报告 *World Development Report* 1994：*Infrastructure for Development*（世界发展报告 1994：基础设施发展）对基础设施的界定。世界银行将基础设施分为经济基础设施和社会基础设施，其中，经济基础设施是指长期使用的工程构筑、设备、设施以及其为经济生产和家庭所提供的服务，包括：（1）公共设施：电力、通信、自来水、排污、固体垃圾收集及处理和管道煤气；（2）公共工程：公路和用于灌溉和排水的大坝；（3）其他交通部门：城市及城市间铁路、城市交通、港口、河道和机场。社会基础设施是指服务于社会市场、社会政策和社会目标的设施和服务，主要包括教育、医疗、卫生保健和环境保护等。[③] 世界银行对基础设施涵义的界定，避免了由于基础设施概念的外延扩展造成的对其含义难以把握的局面，[④] 该界定已被理论界所接受并得到广泛运用，如张军等（2007）、张光南和陈广汉（2009）、刘阳和秦凤鸣等（2005）的研究均参考世界银行对基础设施的界定。

综上所述，尽管国内外学者对基础设施的内涵和界定有所不同，但对基础设施的外部性和重要性已达成共识。本书对基础设施的界定主要基于世界银行给出的定义，将分别从能源基础设施、交通基础设施、通

① 陈庆保. 基础设施涵义的演化［N］. 东南大学学报，2007（9）.
②④ 王丽辉. 基础设施概念的演绎与发展［J］. 中外企业家，2010（2X）：28-29.
③ World Bank. World Development Report 1994：Infrastructure for Development［R］. Oxford：University Press，1994.

信基础设施、教育基础设施和卫生基础设施来展开研究。

1.2.2　基础设施投资与资本形成

基础设施投资的资本形成效应包括基础设施投资对资本形成的直接影响和对资本形成的间接影响。基础设施对资本形成的间接影响主要是考察基础设施投资是否"挤入"了私人投资，从而促进实体经济的发展。

关于基础设施投资对资本形成的直接效应，学者们一致认为基础设施投资对资本形成和经济增长具有直接促进作用。[①②] 关于基础设施投资对私人资本形成的间接效应，学术界存在较大争议。一部分学者认为，基础设施投资与私人投资之间没有显著的相关关系，如卫和黄（Wai and Wong，1982）、巴特和科德斯（Barth and Cordes，1998）以及史蒂文和兰辛（Steven and Lansing，1998）。另一部分学者认为，基础设施对私人资本形成具有显著的影响，如阿绍尔（Aschauer，1986）、纳拉扬（Narayan，2004）、郑群峰等（2011）、唐东波（2015）、郑群峰等（2011）、马栓友（2003）以及廖楚晖和刘鹏（2005）。[③]

总体而言，大多数研究肯定了基础设施投资对私人资本形成的影响，但针对基础设施投资究竟是挤入还是挤出了私人投资，学术界存在较大争议。部分学者从成本视角考虑，认为基础设施投资挤出了私人投资。巴罗和格罗斯曼（Barro and Grossman，1976）认为，基础设施投资增加了对要素的需求，从而推动生产要素价格大幅上涨，导致私人企业投资减少，故基础设施投资完全挤出了私人投资。莱恩和罗伯特（Lane and Roberto，1996）研究发现，政府进行基础设施投资与建设，能扩大就业、提高工资水平，但进一步导致了企业生产成本上升、利润下降，故基础设施投资对私人投资存在挤出效应。吴洪鹏和刘璐（2007）指

---

① 王小利. 我国 GDP 长期增长中公共支出效应的实证分析［J］. 财经研究，2005（4）：122 – 132.

② 于长革. 政府公共投资的经济效应分析［J］. 财经研究，2006（2）：30 – 41.

③ Aschauer，D. A. The Equilibrium Approach to Fiscal Policy［J］. Money Credit and Banking，1986，20（20）：41 – 62.

出，一个经济体的资源是有限的，政府进行大规模的基础设施建设时，会造成原材料、交通运输、人力资本等各方面的需求增加，从而导致这些生产要素价格的上涨，使得趋利的民间资本由于成本的提高或利润的减少而退出投资领域，产生对民间投资的挤出效应。唐东波（2011）认为，"受制于短期总需求的影响，大规模的基础设施投资会增加私人投资的融资成本，因此，基础设施投资与私人投资之间存在一定的挤出效应"。基础设施投资在多大程度上带动私人投资被视为衡量基础设施投资绩效的一个重要标准。因此，一些学者基于投资绩效的研究角度，发现基础设施投资对私人资本形成具有挤出效应。张勇和古明明（2011）指出，基础设施投资增加1%，对私人资本增量挤出效应为 -0.09%，对人均私人资本增量的挤出效应为 -0.11%。奥德杜昆（Odedokun, 1997）的实证结果表明，长期来看，基础设施投资对私人投资存在显著的挤出效应，基础设施投资每增加1美元，私人投资将减少0.19美元。持相反观点的刘生龙等发现，基础设施投资对私人投资产生了显著的正向促进作用，其原因在于基础设施的主要注资在基础设施和人力等资本范畴，与私人投资的注资范畴形成互补关系。[1][2]

还有一部分学者基于区域视角对基础设施的挤入挤出效应进行了更为深入的研究。拉米雷斯（Ramirez, 2000）对1980~1995年8个拉丁美洲国家基础设施投资与私人投资之间的关系进行了研究，结果显示，拉丁美洲国家的基础设施挤入了私人投资。阿图克伦（Atukeren, 2005）选取了25个发展中国家1970~2000的面板数据进行了研究，认为非洲国家增加基础设施投资能吸引更多的私人投资，亚洲和拉美洲的部分国家基础设施投资对私人投资并不存在显著的影响。贝洛克和韦尔托瓦（Belloc and Vertova, 2006）对7个高负债贫困国家1970~1999年的数据进行了实证分析，结果表明，除马拉维外，其他六个国家的基础设施投资对私人资本形成均存在显著的挤入效应。佩雷拉（Pereira, 2000）选取1960~2005年17个发达国家的数据为样本，发现基础设施

① 刘生龙，鄢一龙，胡鞍钢. 公共投资对私人投资的影响：挤出还是引致 [J]. 学术研究，2015 (11): 64-73.
② 刘生龙，鄢一龙，胡鞍钢. 偏离最优公共—私人投资比对经济增长的影响 [J]. 中国工业经济，2019 (1): 43-61.

对产出具有正向的影响，但是否存在挤出效应因国别而异。韩仁月等（2009）运用 VAR 模型分析了中国各省基础设施投资对私人投资的影响，实证结果表明，中国东部地区的基础设施投资对私人投资存在挤入效应，而中西部地区的基础设施投资则表现为挤出效应，其原因是不同发展阶段的经济圈的扩散效应和吸附效应存在不一致性。李国璋等（2009）研究了中国三大经济地带的基础设施对私人投资的影响，发现短期内三大经济带的基础设施投资均表现为挤出效应，挤出效应由大到小依次为西部、东部和中部，但长期来看，三大经济带的基础设施投资对私人投资又表现为挤入效应。

1.2.3　基础设施投资与经济增长

长期以来，经济增长的动因、内在机制以及实现途径一直是经济学界关注的重要课题。以罗默（Romer，1986）为代表的内生增长理论支持了基础设施投资对经济增长有重要促进作用的结论。第二次世界大战以后，发展中国家经济发展的实践也已充分证明，基础设施投资是经济增长的重要动力。

对基础设施投资与经济增长关系的实证研究始于阿斯肖（Aschauer，1989）开创性的贡献。他运用美国 1949～1985 年的时间序列数据对美国基础设施投资的产出弹性进行了估算，研究发现，基础设施投资的产出弹性范围为 0.38～0.56，公共基础设施投资的边际生产率是私人投资边际生产率的 3～4 倍，并认为 20 世纪 70 年代美国经济的衰退主要源于公共基础设施存量的减少。阿绍尔（1989）认为，一方面，公共基础设施投资能提高一国资本的累积速度，另一方面，公共资本尤其是基础设施资本如公路、供水系统、下水道和机场，与私人资本存在互补关系，因此，更高的公共投资水平可以提高私人资本的边际生产率，从而促进一国经济增长。阿绍尔（1989）选取美国 50 个州 1960～1985 年的面板数据，分别从公路、机场、供水等不同类型的基础设施投资角度考察了其对经济增长的影响，结果表明，基础设施投资的产出弹性范围为 0.055～0.110，且军队投资对经济增长没有显著的溢出效应。自阿绍尔（1989）发表一系列文章之后，基础设施投资与经济增长的关系逐渐受到学术界的广泛关注。诺顿（Norton，1992）研究了1945~1977年47个国家的通信基础设施投资对宏观经济的影响，研究发现，通信基础设施投资可以降低市场的交易费用、降低市场信息的不对称性，从而提高企业生产的积极性，促进实体经济增长。玛丽（Mary，1993）实证检验了美国基础设施对经济增长的实际影响，发现核心基础设施存量（如交通运输、电力燃气、排水系统等）对美国1950年代之后近40年的经济增长具有显著的正向溢出效应。世界银行（World Bank）以发展中国家为研究样本，对基础设施投资的经济增长效应进行了估算，结果表明发展中国家基础设施投资的产出弹性为1，即发展中国家基础设施投资每增加一个百分点，将带动经济增长一个百分点。① 布兰斯（Blance，1998）选取两组不同样本的跨国面板数据，实证检验了基础设施投资与经济增长之间的关系，研究结果表明，基础设施投资与经济增长之间具有显著的正相关关系。伊斯法哈尼和拉米雷斯（Esfahani and RamíRez，2003）基于结构模型，对不同时期、不同地区的基础设施投资溢出效应进行了实证研究，结果表明，基础设施投资所带来的收益远高于基础设施服务所付出的成本，各国可以通过扩大基础设施投资来促进其产出的增长。埃祖罗（Etsuro，2003）通过构建协整VAR模型对比利时的基础设施投资与产出之间关系做了实证研究，发现公共基础设施投资的产出弹性为0.14，对经济增长起到了显著的促进作用。卡尔德隆（Calderón，2011）等选取1960~2000年世界88个国家为研究样本，采用面板PMG回归方法对基础设施投资与经济增长的长期关系进行检验，研究发现，基础设施投资的长期产出弹性范围为0.07~0.10。

不过，也有部分经济学家认为基础设施投资对经济增长的贡献并不显著。如德瓦拉扬（Devarajan，1993）等选取1970~1990年69个发展中国家为样本进行面板数据的实证分析，结果表明，基础设施投资与经济增长的相关性并不显著。道格拉斯（Douglas，1994）对美国数据进行经验分析之后发现，基础设施投资对经济增长没有显著的影响。另

---

① World Bank. World Development Report 1994：Infrastructure for Development ［R］. Oxford：University Press，1994.

外,一些经典的研究,如卢卡斯(Lucas,1988)、乔和特恩夫斯基等(Chor and Turnovsky et al. ,1997),均提出基础设施投资的差异对经济增长的影响不同,但具体分析结果并不完全一致,基础设施投资对经济增长的影响人难以确定。

上述研究中,不同学者关于基础设施投资经济增长效应或产出弹性的估算存在较大差异,主要原因是不同研究对基础设施投资统计衡量口径不一致。部分学者选取国民账户统计中的公共支出数据来衡量基础设施投资额,这包含了办公大楼等非基础设施建设,且忽略了私人基础设施投资。普里切特(Pritchett,1996)认为基础设施工程造价存在较大的跨国差异,造成跨国数据的可比性较低。部分学者使用实物形态的基础设施投资存量来衡量基础设施水平,但如何反映不同国家基础设施质量与服务的差异仍是一个难题。近年来,随着数据可得性的增加,更多学者们开始采用地区或行业面板数据,来更准确地考察基础设施投资对经济增长的溢出效应。①

基础设施投资对经济增长影响的内在机制主要体现在如下几个方面:

(1)提高产出水平、挤入私人投资和创造就业机会。蒙内尔(Munnell,1992)选取美国各州为研究样本,从三个方面阐述了基础设施投资对经济增长影响的内在机制:一是基础设施投资对总产出具有直接的正向溢出效应;二是基础设施投资为私人投资提供良好的物质基础,基础设施质量高的地区能吸引更多的私人投资,即"挤入"私人投资;三是基础设施投资可以创造更多的就业岗位、提高就业率,从而间接地促进经济增长。

(2)提高要素的生产效率。基础设施能改善投资环境,如"润滑剂"一样减少要素流动的摩擦、提高企业对要素使用的效率,从而促进企业对要素的合理配置,推动经济增长。② 刘秉镰等(2010)认为,基础设施有利于促进和扩大资本、劳动力的区域间流通,从而促进知识和

---

① Fernández M, Montuenga - Gómez V M. The Effects of Public Capital on the Growth in Spanish Productivity [J]. Contemporary Economic Policy, 2003, 21 (3): 383 - 393.

② Duggal V. G, Saltzman C, Klein L. R. Infrastructure and productivity: a nonlinear approach [J]. Econometrics, 1999, 92 (1): 47 - 74.

技术的传播，从而提高企业的生产效率。

（3）降低企业生产成本。良好的基础设施可以降低企业运输成本和库存成本，保证企业稳定和持续生产，从而提高产品质量和设备运行效率。雪莉和温斯顿（Shirley and Winston，2004）首先从理论上分析高速公路可以降低企业库存成本，从而促进经济发展，然后通过实证分析检验了基础设施对企业生产成本的影响，研究发现，二十世纪八九十年代，美国高速公路的投资回报率低于5%，且呈现持续下降的趋势，因为无效率的交通基础设施政策导致企业生产的库存成本上升。

（4）提高社会福利水平。基础设施投资有助于提高居民健康水平和受教育水平：卫生医疗基础设施的普及能明显改善居民尤其是儿童的健康状况，降低疾病发生的概率、减少婴幼儿的死亡率;[1] 电力基础设施的普及能保证医疗器械的正常运行，提高医疗效率;[2] 交通和通信基础设施投资有利于医疗保健的普及，大幅降低了婴儿和产妇的死亡率;[3] 交通基础设施投资能提高教育质量和学习效率。[4]

基于经济增长理论，国内学者也检验了中国的基础设施投资对宏观经济的影响。大量研究表明基础设施投资对中国经济增长具有显著的正向溢出效应。娄洪（2003）基于Ramsey模型的分析框架，建立了包含公共基础设施资本存量的动态经济增长模型，研究发现，中国公共基础设施投资的产出弹性为0.235。姜轶嵩和朱喜（2004）通过构建柯布道格拉斯生产函数，运用协整回归方法对基础设施投资与经济增长的长期关系进行了检验，结果表明，中国基础设施投资的产出弹性为0.12，从而印证了中国基础设施投资增长或改善，对经济增长产生了积极地推动作用的结论。王任飞和王进杰（2007）分析了中国主要门类基础设施指标与总产出之间的协整关系和格兰杰因果关系，得出的结论是，基

① Brenneman A，Kerf M. Infrastructure and Poverty Linkages：A Literature Review［J］. World Bank，2002.
② Leipziger D，Fay M，Wodon Q and Yepes T. Achieving the Millennium Development Coals：The Role of Infrastructure［J］. World Bank Working Paper，2003（3163）.
③ Saghir J. Energy and Poverty：Myths，Links，and Policy Issues［J］. World Bank Energy Working Paper，2005（4）.
④ Levy H. Rural Roads and Poverty Alleviation in Morocco. CaseStudy in Scaling Vp Poverty Reduction［J］. World Bank，2004.

础设施是经济增长的原因，而经济增长反向促进基础设施发展并没有得到明确验证。刘勇（2010）利用1978～2008年中国省级面板数据研究了交通基础设施投资对中国经济增长的空间溢出效应，得到以下结论：一是总体上看，交通基础设施投资能促进区域经济增长，但分时期看，交通基础设施的产出弹性是不断下降的；二是在不同滞后期，交通基础设施投资的产出弹性基本保持不变，说明交通基础设施投资在较长一段时间内都将对经济增长产生相同的影响；三是2000年以后，中部地区的交通基础设施投资的产出弹性远大于东部地区和西部地区；四是交通基础设施投资对经济增长具有显著的正向空间溢出作用，且正向溢出效应随时间推移逐渐增大。郑士林等（2004）利用中国1990～2010年省级面板数据对中国电信基础设施投资的经济增长效应进行了考察，研究发现，在电信行业发展早期（1990～1999年），移动电话和固定电话基础设施的普及共同促进了地区经济增长；在电信行业的成熟期（2000年以后），移动电话基础设施对经济仍具有显著的正向影响，但是对经济增长的贡献逐渐递减，而固定电话基础设施投资对经济增长已经呈现出负向溢出效应。

综上所述，国内外学者对基础设施投资的经济增长效应进行了大量研究，虽然研究结论存在一定的差异，但基础设施投资对经济增长的重要作用已经得到了学者们的一致认可。

1.2.4　基础设施投资与技术溢出

大量宏观经济研究的文献已经证明基础设施投资与全要素生产率之间具有一定的相关关系。基础设施为私营部门提高了更高价值的服务，20世纪70年代以后，美国生产率的下降主要源于基础投资的减少。[①]史密斯（Smith，2000）认为，虽然基础设施投资对技术进步的影响被许多学者所忽略，但对企业而言，必须依靠基础设施的每天运作来支持自身的发展，尤其是可以提高产品质量的知识性基础设施，如通信基础

---

① Aschauer D A. Is Public Expenditure Productive？[J]. Monetary Economics，1989，23（2）：177－200.

设施对技术进步具有非常重要的作用。刘生龙和胡鞍钢（2010）指出，基础设施投资有利于人力资本的聚集和外国直接投资（FDI）的引进吸收，人力资本和外国直接投资已经被证明对技术进步具有积极的溢出效应，由此可以推断基础设施对技术进步也应该具有正的外部性。刘秉镰等（2010）从三个方面阐明了交通基础设施投资对全要素生产率的影响：一是交通基础设施有利于促进和扩大资本、劳动力的区域间流通，从而促进知识和技术的传播。一方面，交通基础设施通过商品、技术专家、劳动者等载体将新知识和新技术传播和扩大至周围的区域；另一方面，区域间的可达性是区域个体技术差别的重要原因之一，交通基础设施的发展有利于提高区域的通达性和降低运输成本，从而提高周边区域经济技术水平。二是交通基础设施有利于优化资源配置，提高国民经济运行中的配置效率。新古典模型中，要素的流动是无摩擦的，但在现实经济中，要素流动是有成本的，交通运输成本便是其中的一个重要部分。交通基础设施如润滑剂一般，降低要素流动的摩擦，从而使资源配置更接近最优配置。三是交通基础设施的发展有利于经济集聚和市场扩张，从而提高规模效率。持不同观点的郄恩崇等（2013）认为，交通基础设施投资对全要素生产率的提高具有阻碍作用，只有能源和通信基础设施投资对全要素生产率才存在显著的正向溢出效应。上述研究均表明，基础设施投资与全要素生产率之间存在紧密的联系。

　　然而，一些学者认为，基础设施投资与全要素生产率之间可能存在伪相关关系。公共资本具有内生性，公共投资与全要素生产率可能存在反向因果关系，即全要素生产率影响公共投资。① 事实上，任何一个国家或地区的经济活动都不是独立存在的，总与周围或邻近经济体有着密切的联系。当研究样本的边界仅仅界定为行政边界时，技术溢出、贸易来往、对外直接投资等能把经济体连接起来的因素容易被忽略，从而忽略经济体之间潜在的空间联系，造成模型的错误设定、② 经济变量的错

---

① Aaron, Henry J. *Is there a Shortfall in Public Capital Investment*！［J］. Federal Reserve Bank of Boston, 1990: 51-63.

② Fernald J G. Roads to Prosperity? Assessing the Link between Public Capital and Productivity ［J］. American Economic Review, 1999, 89 (3): 619-638.

误推断。[①] 为了克服上述问题，空间计量经济方法应运而生。其优点是：一方面，克服了基础设施内生性问题和变量之间伪相关的问题（反向因果关系）；另一方面，在继承和发展传统计量方法的基础上，将个体的地理位置与空间数据建立计量关系，用统计和计量方法识别个体之间的空间关系。因此，基础设施投资的区域间（空间）溢出效应越来越受关注。

从理论上来讲，基础设施具有较强的规模效应和网络效应，能降低地区间经济活动（如贸易）的运输成本和交易费用，提高私人企业的生产效率，从而对地区间的经济增长产生积极溢出效应。[②] 特别是交通基础设施和通讯基础设施，在一定程度上缩短了有联系的经济体之间的空间距离，降低了贸易成本，促进区域间经济往来。[③] 这一理论判断也得到了部分学者经验分析的支持。[④] 在实证研究方面，代表性成果主要有埃兹库拉等（Ezcurra et al.，2005）的研究，他们采用面板数据回归方法，研究了 1964～1991 年西班牙的基础设施对企业生产率的影响，发现公共资本能降低私人投资成本、提高企业整体生产效率，同时，双向固定效应回归结果表明，区域交通基础设施的空间溢出效应具有较强的相关性。[⑤] 科恩和莫里森（Cohen and Morrison，2004）选取美国的数据为样本，采用空间面板回归方法对交通基础设施的技术溢出效应进行了研究，实证结果显示，交通基础设施存量能降低有关联的地区或邻近地区的运输成本和交易费用，对区域内的生产率和经济增长均具有显著的促进作用。国内学者顺延了国外主流的研究思路，刘秉廉（2010）运用空间面板计量模型考察了中国交通基础设施对全要素生产率的影响，研究发现，中国各省的全要素生产率具有显著的空间关联性，2001～

① Ezcurra R，Gil C，Pascual P et al. Public Capital，Regional Productivity and Spatial Spillovers，Annals of Regional Science，2005，39（3）：471－494.

② 刘生龙，胡鞍钢. 基础设施的外部性在中国的检验：1988—2007［J］. 经济研究，2010（3）：4－15.

③ 魏下海. 基础设施、空间溢出与区域经济增长［J］. 经济评论，2010（4）：81－89.

④ Morrison C J，Schwartz A E. State Infrastructure and Productive Performance［J］. American Economic Review，1996b，86（5）：1095－1111.

⑤ Ezcurra R，Gil C，Pascual P，Rapun M. Public Capital，Regional Productivity and Spatial Spillovers［J］. Annals of Regional Science，2005，39（3）：471－494.

2007 年交通基础设施存量的增加带动了中国全要素生产率增长了 11.078%。刘生龙和胡鞍钢（2010）基于中国 1988～2007 年的面板数，验证了中国经济基础设施对经济增长具有显著的溢出效应，研究还发现，交通和信息基础设施对省际全要素生产率具有显著正效应，能源基础设施对全要素生产率并不存在显著的影响。张浩然和衣保中（2012）基于中国 2003～2009 年的城市面板数据，采用空间杜宾模型（SDM）检验了基础设施的空间溢出效应与全要素生产率之间的关系，研究发现，城市的通信基础设施和医疗基础设施不仅提高本地区的生产率，而且在城市间也存在显著的正向溢出效应。

1.2.5　基础设施投资与企业生产成本节约

近年来，越来越多学者开始关注基础设施投资对私人企业生产活动的影响，如企业生产成本、要素需求以及生产决策。在基础设施投资对微观企业行为影响的文献中，基础设施投资对企业生产成本节约的溢出效应的研究较为丰富。沙（Shah，1992）在限制性一般均衡框架下研究了墨西哥基础设施投资对制造业收益的影响，结果表明，劳动、资本和中间产品与基础设施具有较强的互补性，基础设施投资能降低各种要素的投入成本，从而提高企业收益，因此，墨西哥政府应该鼓励和扶持国内基础设施投资。[①] 世界银行（world bank，2009）指出，越南公路的 IRI 值（国际平整度指数）从 14 降低至 6 可以降低 12%～22% 的运输成本，若 IRI 值从 14 降至 3 则可以降低 17%～33% 的运输成本。[②] 坦加维鲁和奥永（Thangavelu and Owyong，2000）基于广义列昂惕夫成本函数估计了公共资本对日本 9 个制造业行业的生产活动影响，研究发现，公共资本仅对造纸、纺织和交通行业的生产力存在显著溢出效应，即基础设施只能降低造纸、纺织和交通行业的生产成本。雷尼卡和斯文松（Reinikka and Svensson，2002）对乌干达 243 个制造业公司进行研究，

---

① Anwar S. Dynamics of Public Infrastructure，Industrial Productivity and Profitability ［J］. Economics & Statistics，1992，74（1）：28－36.

② World Bank，Vietnam Moving Forward：Achievements and Challenges in the Transport Sector ［J］. NvasNieuwsbrief，2009，12（10）：13－14.

发现在 1998 年乌干达有 89 个工作日缺乏电力供给，导致了 77% 的大规模企业自己购买发电机，这些设备投入约占总投资的 25%，大大增加了企业生产的额外成本。莫雷诺等（Moreno et al.，2003）将公共基础设施投资引入到企业成本函数中，对 1980～1991 年西班牙公共基础设施投资的成本节约效应进行了实证研究，结果发现，公共基础设施投资的成本弹性为 -0.022，其中，公共基础设施投资对机械、食品和纺织业的成本降低效应最大，对化学工业的成本降低效应最小。科恩和保罗（Cohen and Paul，2004）基于企业生产成本函数，运用 1982～1996 年美国制造业企业数据，实证分析了基础设施投资企业生产成本节约的空间溢出效应，研究发现，基础设施投资不仅可以降低本国企业的生产成本，而且通过空间溢出效应降低其他国家企业的生产成本。布洛克斯和法德尔（Brox and Fader，2004）采用 CES - TL 成本函数，从理论与实证两方面阐述了加拿大公共基础设施对私人企业产出和生产成本的影响，研究结果表明，基础设施投资的成本弹性为 -0.476，即基础设施投资对企业生产成本的降低具有显著的正向溢出效应，且与私人资本存在相互替代关系。基于保罗等（Paul et al.，2004）的理论方法，张光南等（2010）基于成本函数和要素份额函数，利用中国 1998～2005 年27 个制造业行业企业的面板数据，实证分析了基础设施投资对微观层面企业生产成本和投入要素需求的影响，研究结果表明，基础设施投资显著地降低了制造业企业生产的平均成本，且基础设施投资对不同行业企业的劳动力、资本和中间品等投入要素需求存在互补和替代效应差异。张光南等（2013）基于科恩和保罗的研究思路和方法，利用 1998～2005 年中国各省的工业企业数据，实证分析了中国基础设施空间溢出成本效应，其研究结果印证了科恩和保罗（2004）的结论：基础设施投资的空间溢出效应能降低企业生产成本，且基础设施空间溢出的成本节约效应高于本地基础设施成本节约效应。张光南等（2013）还发现，中国东部地区的成本弹性高于中、西部地区。李平等（2011）认为，高质量的基础设施服务在一定程度上有利于保障企业有形资本的耐用性、降低故障发生频率、减少私人维护成本、提高使用效益和延长使用寿命，从而最终降低企业的生产成本。刘秉镰和刘玉海（2011）重点考察了不同类型的交通基础设施投资对制造业企业库存成本的影响，研究表明，良好的公路交通基础设施对降低制造业企业库存成本具有非常重要的作用，且不同类型的交通基础设施对不同地区的制造业企业库存成本所起的作用是不一样的。

1.2.6　基础设施投资与产业

从产业增长的影响因素来看，已有文献主要从专业化、多样性、竞争性、市场规模、人力资本、外商直接投资以及市场化等因素来研究产业增长。且不同学者看法不一。莫迪和王（Mody and Wang，1997）利用1985～1989年中国沿海7个省23个行业的数据对产业增长的影响因素进行考察，研究表明，专业化对中国产业增长具有负效应，竞争性对产业增长具有正效应。持相同观点的巴蒂斯（Batisse，2001）也认为，专业化不利于产业增长，而多样性和竞争性有助于产业增长。高（Gao，2004）提出不同观点，研究发现，专业化、多样性以及竞争性对中国产业增长均不具有显著影响。博文广（2007）基于中国1994～2007年29个省份的25个行业面板数据，研究发现多样性和竞争性能显著地带动产业增长。

部分学者从市场规模、人力资本、外商直接投资和市场化等方面来研究其对产业的影响。黄玖立和黄俊立（2008）利用1990～1997年中国省区的行业数据，考察了市场规模对省区产业增长的影响，发现市场规模能显著地拉动各省份产业增长，并指出市场规模的差异是东西部产业增长差异的重要原因之一。黄玖立和冼国民（2009）研究了省区人力资本差异对产业增长的影响，发现人力资本的累积是影响产业增长的重要因素之一。盛丹和王永进（2011）基于市场化和技术复杂度的角度研究了中国省区产业的差异，认为市场化有利于减少中间产品交易成本，使得技术复杂的产业能够在市场化程度高的地区得到更快增长。就FDI而言，FDI的技术溢出效应促进企业研发和创新，从而带动区域产业增长。①

①　涂涛涛. 外商直接投资对中国企业创新的外溢效应研究：基于垂直联系的视角［J］. 南方经济，2009（7）：16－26.

王轩，毕峥筝，黄玖立. FDI行业间溢出和省区产业增长［J］. 南方经济，2012（5）：16－26.

随着研究的不断深入，部分学者选取基础设施投资这一视角来研究其对产业的影响。基础设施投资的增加不仅会带动关联产业的需求和发展，并为这些产业创造新的投资机会，而且还会通过改善市场投资环境来提高所有产业的产出水平。[①] 中国社会科学院工业经济研究所分析了中国交通、信息和能源基础设施投资与制造业发展的联系效应，得出如下结论：一是交通运输对制造业的带动效应主要体现在交通运输业的前向联系效应中，即满足制造业发展对交通运输的需求层面，其后向联系效应相对有限；二是信息基础设施投资对制造业的拉动作用主要表现为直接后向联系效应，即对供给信息基础设施投资的制造业产生的影响；三是能源基础设施投资对制造业的拉动作用体现在其对制造业增长的拉动和对制造业升级的影响。[②] 蒋冠宏和蒋殿春（2012）运用 2000 ~ 2007 年中国 29 个省份的 21 个行业数据，采用双重差分法检验了地区基础设施投资对产业增长的影响，实证研究发现，交通和通信类基础设施投资对产业增长具有显著的正向拉动效应，但能源基础设施投资对产业增长不具有显著的带动效应。吴园园（2014）基于中国 1978 ~ 2011 年交通基础设施投资的数据，分别考察了铁路、公路、水运和航空四类交通基础设施投资对产业结构升级的影响，结果表明，铁路、公路和航空对产业结构由第二产业向第三产业升级有显著的负影响，而水运对产业结构升级具有促进作用。杨孟禹和张可云（2015）基于扩展的柯布—道格拉斯生产函数，构建了包含基础设施投资、产业结构及外部效应的空间面板数据模型，对中国 2003 ~ 2012 年 281 个地级以上城市的基础设施投资的产业升级效应进行了实证研究，结果显示，基础设施投资对产业结构升级的影响显著为负。茹玉骢（2015）利用 2007 年中国 135 个部门的投入产出表计算出了完全消耗系数，用于刻画制造业对基础设施的密集使用度，并基于 2005 ~ 2011 年 30 个地区 17 个造业数据对相关理论进行了实证研究，结果发现，通信、教育、科学和医疗卫生基础设施投资对产业比较优势存在显著的正向影响，而交通（道路）和能源

---

① 唐东波. 挤入还是挤出：中国基础设施投资对私人投资的影响研究 [J]. 金融研究，2015（8）：31 – 45.

② 中国社会科学院工业经济研究所课题组. 基础设施与制造业发展关系研究 [J]. 经济研究，2002（2）：37 – 47.

（电力）基础设施投资对产业比较优势的不存在显著影响。

1.2.7 基础设施投资与出口

进入新世纪以后，一些学者认为"出口的品质和内涵比出口的数量更重要"，[①] 出口复杂度迅速成为国际贸易领域的研究热点。已有文献关于出口复杂度的研究主要集中在三个方面：一是如何构建和测度出口复杂度，如罗德里克（Rodirik，2006）等的研究；二是影响出口复杂度的因素分析，如黄永明等（2011）；三是出口复杂度的经济效应，如戴翔（2011）、李霞等（2015）。上述学者的研究表明，出口复杂度可以通过各个地区出口所有种类的产品及其经济发展水平来构建，且基于产品层面的测算方法更能反映出国家层面的出口复杂度；要素禀赋、制度特征、外商直接投资、市场规模等是出口复杂度的重要影响因素；一国出口技术水平的提高对实现经济增长和经济赶超具有重要意义。

关于基础设施投资与国际贸易之间的关系，国内外学者已做了大量研究。学者们大都认为，基础设施投资是促进贸易货物流量增长的重要因素。现有文献大多基于运输成本视角研究基础设施投资的出口规模效应。博伊等（Bougheas et al.，1999）、利姆和维纳布尔斯（Limao and Venables）、贝哈和维纳布尔斯（Behar and Venables，2011）的研究发现，基础设施投资可以降低企业运输成本、提高企业国际竞争力，进而促进企业出口规模的扩大。也有少数学者从企业出口决策的角度探讨基础设施投资对出口贸易流量的影响。盛丹等（2011）认为，中国基础设施水平的提高能改善企业的出口决策，使更多企业选择出口。弗朗索瓦和曼基（Francois and Manchin，2007）的研究结果表明，在关税、经济发展水平和距离等因素既定的前提下，基础设施投资对企业出口参与度具有显著的影响；如果一国的基础设施投资提高1%，则该国企业出口的概率将增加3.8%。

随着研究的不断深入，部分学者开始探讨基础设施投资对出口复杂度的影响。孟英华和裴瑱（2013）的研究发现，基础设施投资对中国

[①] Xu B, Lu J. Foreign Direct Investment, Processing Trade, and China's Export Sophistication, China Economic Review, 2009, 20（12）: 425–439.

服务出口品质的提升具有较好的解释力。王永进等（2010）从微观企业角度阐述了基础设施投资对出口复杂度影响的机制，并使用跨国面板数据从实证角度证明了基础设施投资对出口复杂度具有显著的促进作用。

1.2.8 简要评价

关于基础设施投资的溢出效应，国内外学者从各个方面进行了大量理论与实证研究。通过对近三十年来相关文献进行梳理和回顾，可以看出，基础设施投资的重要性毋庸置疑。

现有文献研究主要呈现如下特点：在研究范围上，由全球性研究转向局部性研究；在研究方法上，由理论研究逐步趋向实证研究，由单纯描述性统计分析、时间序列分析转向面板数据分析和空间计量分析；在研究内容上，由基础设施投资与经济增长关系的宏观研究转向基础设施投资与企业生产行为关系的微观研究。

"金砖四国"基础设施投资的资本形成、经济增长、技术溢出、企业生产成本节约、产业带动和出口等效应并不是简单和绝对的，而是由多个微观传导机制构成的复杂系统。根据现有文献，本书试图总结出如下几个较为明确的结论：

第一，针对中国基础设施投资溢出效应的研究成果较为丰富，但关于"金砖四国"之间两国或多国横向纵向比较的文献并不多。

第二，从理论分析上来看，除了基础设施投资的资本形成和出口效应外，基础设施投资对经济增长、技术溢出、企业生产成本节约和产业带动的正向效应的合理性和重要性得到了学术界的普遍认可，但也有一些学者提出异议。从现有研究结果来看，受模型设定、变量选取等因素影响，关于基础设施投资的资本形成效应和出口效应的研究结论分歧较大，难以对这一经济现象作出一般性的解释。

综述至此，尚不能给"金砖四国"基础设施投资溢出效应比较下一个定论。在现有的理论和实证研究中，涉及"金砖四国"基础设施投资溢出效应的横向与纵向比较的文献不多。关于"金砖四国"基础设施投资溢出效应的大小、方向以及微观传导机制的横向比较尚未充分展开。结合"金砖四国"的经济发展状况，运用适当的经济计量模型对该四国基础设施投资的溢出效应作出合理测算、估计与比较，是一个值得关注的研究方向。

1.3 研究方法与结构安排

1.3.1 技术路线

本书的技术路线如图 1-1 所示。

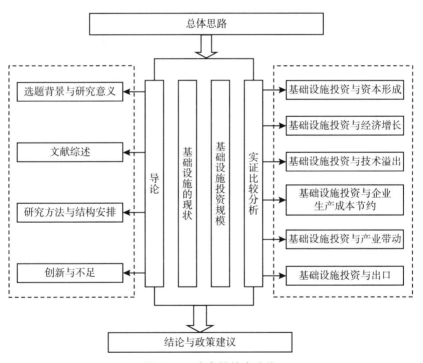

图 1-1 本书的技术路线

1.3.2 研究方法

本书立足于对已有文献的整理和统计数据的采集,除广泛阅读中外文献资料外,还充分利用网络资源和电子图书馆提供的信息。例如,联合国贸易和发展会议(UNCTAD)、世界银行(WB)、国际货币基金组织(IMF)等国际组织网站,与"金砖四国"相关的各种统计出版物,如中国统计年鉴、国际统计年鉴和金砖国际联合统计手册等;又如各种统计数据库:EPS 全球统计数据库、EBSCO 数据库、Springer 数据库、UReader 外文电子图书数据库、JSTOR 数据库和 Elsevier 数据库等。

在分析论述中,本书以方法的运用与问题的研究相适应为原则,主要采用了以下几种研究方法:

(1)比较分析的方法。本书以比较分析法为主线,例如,在"金砖四国"基础设施投资规模和基础设施投资溢出效应部分,运用了宏观和微观数据对"金砖四国"基础设施投资溢出效应进行了实证检验,上述分析中均采用了比较分析法。

(2)理论分析与实证分析相结合的方法。首先,本书通过理论分析,对关于基础设施投资溢出效应的相关文献进行述评,为下一步的实证研究奠定了理论基础。其次,本书的第4~第9章侧重运用较为前沿的计量方法,对"金砖四国"基础设施投资的资本形成、经济增长、技术溢出、企业生产成本节约、产业带动和出口效应进行实证比较研究。

(3)演绎与推理的方法。本书在对"金砖四国"基础设施投资提出发展模式和政府扶持政策时,将基于相关资料和理论,充分运用演绎和推理的方法。

1.3.3 结构安排

本书共10章,分为四个部分:

第一部分为第 1 章,即导论。此部分为全书作概括性的铺垫和介绍。主要阐明选题背景与研究意义、技术路线、研究方法、结构安排和创新与不足，并对已有研究成果进行较为全面与系统的述评。

第二部分为第2章～第3章，即"金砖四国"基础设施的现状描述与基础设施投资规模的比较分析。此部分首先对"金砖国家"基础设施水平的现在进行描述分析，然后以2000～2011年统计数据为基础，分别从能源、交通、通信、教育和卫生基础设施投资流量和存量角度对"金砖四国"基础设施投资进行了比较分析。

第三部分为第4章～第9章，即基础设施投资溢出效应的实证分析，该部分为本书的核心内容。此部分结合理论方法与经济计量模型，对"金砖四国"基础设施投资的资本形成、经济增长、技术溢出、企业生产成本节约、产业带动和出口效应进行实证比较研究，得出结论。

第四部分为第10章，即结论与政策建议。基于前文的研究观点，此部分得出概括性的结论，系统地梳理了本书研究所取得的观点，并提出政策建议。

1.4 创新与不足

本书的创新之处主要体现在以下三个方面：

第一，基础设施是国民经济赖以发展的基础，而深入研究"金砖四国"基础设施对经济增长的影响，依赖于一套完整的"金砖四国"基础设施投资数据。目前，除美国以外，其他各国官方统计数据库和国际统计资料并没有公布这一完整的数据资料。本书基于《世界投入产出表》（2013版）对"金砖四国"的基础设施投资规模进行了估算，为进一步研究"金砖四国"基础设施投资对经济增长的影响提供了一套可靠的历史数据。

第二，已有的文献主要从宏观层面来考察基础设施投资对经济增长的影响，本书从产业层面着手，深入考察了"金砖四国"基础设施投资对经济增长影响的微观机制。这是本书最重要的创新之处。本书基于"金砖四国"34个行业数据，对"金砖四国"基础设施投资资本形成、企业生产成本节约和产业带动效应进行了详细研究，对理解"金砖四国"经济增长的微观机制与渠道提供了新的视角。

第三，本书得出了一些有益的结论："金砖四国"能源基础设施投资能促进经济增长、带动第二产业发展以及提高出口规模，但能源基础设施投资不能提高四国的全要素生产率水平及出口复杂度；交通和通信基础设施投资对经济增长、技术溢出、第三产业拉动、出口规模及出口复杂度均具有显著的正效应，表明加大交通和通信基础设施投资是各国实现经济转型和产业结构升级的重要措施。

本书的不足之处体现在三个方面：

第一，目前，各类官方统计资料并没有直接公布"金砖四国"货币形式的基础设施投资流量和存量。不同学者对基础设施投资的估算采用了不同方法。本书仅根据世界银行对基础设施投资范围的界定，对"金砖四国"基础设施投资流量和存量进行估算。鉴于数据的可得性，本书并未采用多种方法对四国的基础设施投资进行估算和对比，并将该结果运用到实证模型的稳健性检验中。

第二，由于语言的限制，本书的文献综述以中文和英文为主，缺少以俄语和葡萄牙语为基础的关于基础设施投资方面的相关研究，这在一定程度上影响了文献综述的丰富性和翔实性。

第三，本书以比较"金砖四国"基础设施投资溢出效应为主，对基础设施投资的最优规模、最佳投资区域、最优政策工具以及投融资方式等问题仍有待进一步研究。

第 2 章

"金砖四国" 基础设施的现状①

1994 年，世界银行对基础设施作了权威定义：基础设施可分为经济基础设施和社会基础设施，其中，经济基础设施是指长期使用的工程构筑、设备、设施以及其为经济生产和家庭所提供的服务；社会基础设施是指为居民生活、企业生产提供公共服务的设施，主要包括教育、卫生保健和环境保护等。② 基于世界银行对基础设施投资定义，本书经济基础设施选取了三类基础指标来衡量：能源基础设施、交通基础设施和通信基础设施，这三类指标直接参与生产过程，直接对经济增长产生影响。社会基础设施选取教育基础设施和医疗卫生设施等指标。这类指标能够间接地提高投资效率，进而促进经济增长。本书的目的是通过数据描述来反映"金砖四国"基础设施的现状与事实。数据主要来源于《国际统计年鉴 2019》《世界经济年鉴 2019》《世界经济发展数据库》和《金砖国家联合统计手册》。

2.1 能源基础设施

20 世纪以后，"金砖四国"在全球能源领域迅速崛起，已经打破了

---

① 注：本章数据来源世界经济发展数据库：https：//databank. worldbank. org/reports. as-px？source = world – development – indicators.

② World Bank. World Development Report 1994：Infrastructure for Development ［R］. New York：Oxford University Press，1994.

美国长期以来对全球能源工业的垄断。无论是在能源消费总量还是在能源消费效率方面,"金砖四国"在全球能源领域都已占据重要地位。

巴西是世界上资源禀赋较高的国家之一。巴西的可耕地总面积为 3.5 亿公顷,占其国土总面积的 41.7%;淡水资源总量为 235720 立方米/秒。巴西丰富的水资源为国内水力发电提供了良好的基础,其水力发电达到了国内总供电量的 80%。巴西的矿产资源非常丰富,包括原油、天然气、石灰岩、铁矿、镁矿和白云石等。长期以来,巴西都是南美地区能源领域中的领跑者,其国内石油公司的地位更是举足轻重。目前,巴西已成为世界主要的石油生产与输出国之一。2006 年,巴西就已经实现了石油自给自足。2016 年,石油供应量 12740 万吨,居于世界前十。巴西经济的持续增长对能源产生了巨大的需求,能源产量大幅提高。2016 年,能源产量 5788 亿千瓦时小时,较 2000 年增长了 66%。石油供应量 12740 万吨,居于世界前十。巴西经济的持续增长对能源产生了巨大的需求,能源产量大幅提高。2016 年,原煤产量达到了 750 万吨,比 2000 年增长了 25%;天然气产量 379 亿立方米,较 2000 年上涨了 185%;钢产量为 4525 万吨,较 2000 年上涨 50%。原油消费量达到 9579 万吨,占国内能源生产总量的 46.5%;可再生能源占国内能源生产总量的 43.5%,远高于世界平均水平,其中,生物乙烯已处于领先地位。

根据《金砖国家联合统计手册 2020》统计数据,2019 年中国国土面积 960 万平方公里,其耕地面积为 134.9 万平方公里,仅占国土面积的 14.05%。2019 年,中国水资源总量为 29041 亿立方米,淡水资源总量为 29904 亿立方米,居于世界首位。中国能源矿产资源较丰富,包括原油、天然气、煤炭等,但中国矿产资源结构并不合理。2016 年,煤炭储量为 2492 亿吨,原油储量 35 亿吨,天然气储量 54365 亿立方米。中国的金属矿产丰富,分布广泛。其中,钨、锡、锑、稀土、钽、钛等金属矿产资源居于世界之首;钒、钼、铌、铍、锂等资源排名世界第二。目前,中国已成为世界第一大能源生产国和能源消费国。2016 年,中国能源总消费量 30.51 亿吨标准油当量,但人均能源消费量仅为 2213 千克标准油当量。可再生能源占能源消费总量比重仅为 13.3%。作为世界第一大煤炭供应国,中国的能源消费仍以煤炭为主,石油和天然气严重依赖进口。中国人口众多，人均能源拥有量较低。煤炭和水资源人均拥有量相当于世界平均水平的 50%，人均石油、天然气人均量分别为世界平均的 6.7%，人均耕地面积不足世界人均水平的 30%。

印度是南亚最大的国家。其耕地面积 1.56 亿公顷，占印度陆地面积的 52.54%。印度的淡水资源比较充裕，但主要用于农业灌溉，农业用水占 90.4%，工业用水和生活用水分别为 2.2% 和 7.4%。印度的铝土、铬、钛、煤炭、金红石等矿产资源比较丰富，均居于世界前列。印度的云母产量居世界之首，云母出口占世界出口量的 60%。印度的能源资源也较为丰富，其中原油储量为 6.2 亿吨，天然气 12270 亿立方米，煤储量为 3066 亿吨。印度是世界第三大能源生产国和能源消费国、第四大石油消费国。虽然印度拥有丰富的煤炭资源，但煤炭质量比较低下。从能源最终消费量来看，2016 年印度能源总消费量 54100 万吨标准油当量，但人均能源消费量仅仅只有 534 千克标准油当量。其中，原油消费量 2.5 亿吨，电力消费量 10663 亿千瓦小时，电力生产达到了 14323 亿千瓦小时。目前，印度已成为亚洲能源进口大国之一，能源净进口量占国内总能源消费量的比重高达 73.2%。从中长期来看，按照现在的经济发展速度和城市化进程，印度的能源供给将不能满足其国内需求，尤其是石油和天然气生产量。

俄罗斯的国土面积达到了 1713 万平方公里，是世界国土面积最大的国家。其森林覆盖率达到了 49.41%。淡水资源丰富，淡水资源 46815 亿立方米，人均可再生淡水资源为 3.02 万立方米，世界排名第三。其广阔的国土面积及森林面积，是俄罗斯拥有丰富矿产资源的前提条件。铁、锑、锡和金刚石储量居于世界之首，铝储量居世界第二，金储量居世界第四，其他很多矿产储量都占据了世界相当大的份额。俄罗斯丰富和巨大的矿产资源是保障国内需求并实现对外出口的基础。大型的能源资源为俄罗斯的工业发展和经济发展提供了十分有利的条件。截至 2016 年，俄罗斯天然气储量居世界第一（69.2 万亿立方米），原油储量居世界第七（297 亿吨）；天然气开采居世界第二，仅次于美国；石油开采居世界第一。最新数据显示，2017 年，俄罗斯能源生产总量为 19.3 亿吨标准油当量，能源总消费量为 13.2 亿吨标准油当量，人均能源消费量高达 9014 千克标准油当量。可再生能源占最终能源消费总量的比重仅为 3.5%。俄罗斯丰富的能源储备使得能源产业是其主要的出口行业。能源工业已成为俄罗斯经济发展的支柱产业。

总之，"金砖四国"是世界重要的能源生产与能源消费大国，将对世界能源格局和发展趋势产生重要影响。而"金砖四国"自身的资源和能源特点决定了各国未来在能源合作方面具有极大的互补性与广阔的合作空间。例如，巴西和俄罗斯是重要的能源输出国，能源净进口量占能源消费总量比重分别为 2.1% 和 1.6%；中国和印度是重要的能源消费国，能源净进口量占能源消费总量比重分别达到了 20.6% 和 73.2%。巴西的能源消费以清洁的可再生能源为主，中国和印度的能源消费以煤炭为主，俄罗斯的能源消费以原油为主。

2.2 交通基础设施

近年来，"金砖四国"的交通基础设施发展迅速，各种类型交通基础设施水平和质量都得到一定程度的提高，但四国交通基础设施结构和质量仍存在较大差异。

交通运输行业是巴西经济重要的组成部分。目前，巴西的交通运输行业占服务行业劳动力的 22%，占服务业产值的 30.2%，占服务业支付工资的 29.8%。巴西的运输业以公路运输为主，占旅客运输的 96%，占货物运输的 62.6%。2017 年，公路总里程达 157.1 万公里，公路占全国总运力的 60.5%。公路运输占客运总量的 96%、占货运总量的 62.6%。

巴西的铁路较为不发达，从 2000 年以来，铁路营业里程一直维持在 3 万公里的水平，每万平方公里土地上运营的铁路长度为 35 公里，铁路货运占运输总量的 21%。巴西国内 35% 的铁路已经有 60 年以上历史，铁路主要分布在南部、东南部和东北部。由于缺乏投资，铁路运输一直不景气。但巴西的公路较为发达，公路里程达到了 157.1 万公里，仅次于中国。

巴西具有较大的水运潜力，拥有 82 个港口、9403 公里内河航线和

126 艘远洋货船，水运运输总量 6.92 亿吨，占巴西货运运输的 12.75%（包括海洋运输和河流运输）。但是，整体来看，巴西的水运面临运营效率低下、运输成本较高以及港口机械化程度较低等困境。

中国的交通基础设施较为发达，无论是铁路、公路、航空还是管道输油等设施水平都高于其他三个金砖国家。2008 年金融危机后，中国政府"四万亿"刺激经济计划促进了交通运输业的高速发展。国家对公路建设投资巨大，全国公路技术等级和路面等级不断提高。2017 年，全国公路总里程达到 477.40 万公里，其中，等级公路里程 375.56 万公里，占公路总里程的 86.20%。按公路技术等级划分，各等级公路里程分别为：高速公路，一级公路，二级公路。其中，高速公路里程增长最快，全年高速公路通车里程增加一倍，全年新增高速公路通车里程 8200 公里。中国铁路营业里程达到 12.70 万公里，里程长度居世界第二位，每万平方公里土地上运营的铁路长度达到了 132 公里。

至 2000 年以后，中国货运以公路货运和水运货运为主，而旅客运输以铁路、公路和航空运输为主。例如，在 2017 年，各种运输方式完成货物周转量 192589 亿吨公里，其中，公路货运占 34.67%，铁路货运占 14.00%，水运货运占 51.20%，航空货运占 0.13%；各种运输方式完成旅客周转量为 32810 亿人公里，其中，公路客运占 29.76%，铁路客运占 41.01%，水运客运占 0.24% 和航空客运占 28.99%。

印度的铁路交通比较发达。早在 1992 年，印度的铁路总长已经达到了 6.26 万公里，为亚洲第一、世界第二。其地理位置和地质特征决定了该国适合修建铁路。一部分学者也认为这是当年英国的"遗产"。但是，这些铁路交通基础设施较为陈旧、落后，且印度是人口大国，其铁路人均长度也相对较小。印度的铁路主要由宽轨、米轨和窄轨组成。截至 2017 年，印度铁路里程总长 6.7 万公里，其中宽轨占 71%，米轨占 23.8% 和窄轨占 5.2%。印度的铁路有 30.4% 的里程实现了电气化。铁路的货运收入是客运收入的 2.4 倍，其中大宗商品的运输占整个货运的 93%，仅煤炭运输就占了 40% 以上。

2017 年，印度公路里程为 27.7 万公里，且公路质量普遍低下。公路运输是印度主要的交通运输方式，承重了印度 92.11% 的旅客运输和 72.88% 的货物运输。航空客运周转量为 1904 亿人公里，货运总量为

1330 亿吨公里。其中，私人公司的空运量占国内航线总运输量 68.9%。

俄罗斯的国土面积广阔，各种类型的交通设施比较齐全，其铁路、公路、水运、航空和管道等运输方式都比较发达。2017 年，铁路营业里程为 8.6 万公里，公路营业里程为 106.4 万公里，管道输油里程为 5.3 万公里。俄罗斯的交通运输客运量为 5059 亿人公里，其中，公路客运占 24.39%，铁路客运占 24.33%，航空客运占 51.27%。交通运输货运量为 27541 亿吨公里，铁路货运规模较大，且是俄罗斯货运的主要方式，其比重达到了 90.53%。

从上述分析可知，近年来"金砖四国"交通基础设施得到了较快发展，但仍存在一定的问题。巴西和印度交通运输结构不合理程度较大，两国的交通运输方式以公路为主，这就导致了本应由铁路、公路、水运和航空共同承担的货物和旅客运输，较大比重的由公路运输承担了，不利于资源的合理配置与交通运输效率的提高。中国和俄罗斯也存在类似的问题，中国的货运过多地依赖水运方式，俄罗斯的货运极大程度地依赖铁路运输。

2.3 通信基础设施

通信业主要包括移动电话通信、固定电话通信和网络通信。20 世纪 80 年代是巴西通信技术发展的新时期，其卫星通信得到了广泛的运用。虽然巴西的通信业起步比较晚，但发展速度非常快。经过 30 年的发展，巴西成为拉丁美洲最大的通信市场，并成为世界通信发达国家之一。2011 年，巴西的电信营业额达到了 755 亿美元，世界排名第四。近年来，巴西的移动电话和互联网领域得到飞速发展。截至 2012 年，巴西的移动手机使用数量就已经超过了国家总人口数。2017 年，巴西每千人电话主线拥有量为 198 条，居于"金砖四国"第一位；每千人蜂窝移动电话用户数为 1148 户，仅次于俄罗斯；每千人互联网用户数为 646 户，仅次于俄罗斯。

中国的通信业始于 20 世纪 90 年代。早期，中国的通信业主要由邮电部门完全垄断, 主要服务于党政军机关。通信基础设施投资不足和服务能力有限制约着经济的发展。为了强化竞争、打破垄断格局, 中国于 2001 年出台了电信南北拆分的方案, 之后, 中国通信业实现了持续、稳定和快速的发展, 特别是互联网经济得到快速发展。2017 年, 每千人电话主线拥有量为 140 条, 每千人蜂窝移动电话用户数为 1025 户, 每千人个人电脑拥有量为 194 台, 每千人互联网用户数为 558 户。中国农村基础设施和城市基础设施取得了同步发展, 如 2017 年, 城市每百户家庭中的移动蜂窝电话用户为 235 户, 农村为 246 户。

印度的通信技术始于 1850 年的电报。1851 年, 印度的电报线路正式建成, 但此技术只对东印度公司开放。到 1948 年, 印度的电话总数已经达到了 8 万部。1999 年是印度通信行业发展的一个分水岭。印度政府逐步放开了通信技术领域的竞争, 开放了国内长话市场并结束了 VSNL 对国际长话的垄断。之后, 政府出台了一系列扶持私人企业的政策, 特别是扩大了外国公司在电信行业的控股权, 使得印度的电信市场成为世界电信行业增长最快的国家。到 2000 年, 印度软件公司有 3700 多家, 出口值高达 63 亿美元, 印度凭借其软件技术力量、软件出口规模和质量成为世界上仅次于美国的第二软件大国。但作为人口大国, 印度的每百人或每千人通信设施的普及率并不高, 且城乡差距较大。截至 2017 年, 每百人电话主线拥有量为 18 条, 每千人蜂窝移动电话用户数为 901 户, 每千人互联网用户数为 344 户, 均处于 "金砖四国" 的最后位次。且城市和农村通信基础设施水平差距较大, 城市每百居民中的移动宽带用户为 22.8 户, 但农村只有 3.4 户; 城市每百居民中的有限窄带用户为 0.7 户, 农村仅为 0.06 户。

俄罗斯是 "金砖四国" 中通信基础设施发展水平最高的国家。经历金融危机后, 2011 年, 俄罗斯信息和通信技术产业逐步复苏, 信息技术市场规模达到了 6490 亿卢布比上年增长了 14.6%; 通信技术市场规模达到了 14380 亿卢布, 较上年增长 6.1%。移动通信的进一步发展和固定通信市场的饱和减少了固定电话设备的数量, 2016 年, 每千人电话主线拥有量为 233 条, 比 2015 年减少了 15 条。2017 年, 每千人蜂窝移动电话用户数为 1981 户, 每千人互联网用户数为 798 户。俄罗斯已成为世界宽带发展前十的国家, 也是用户数量增长最快的国家之一。

俄罗斯最大的社交网"vkontakte. ru"成为欧洲人在网址上花费时间最多的网站。

综上所述,"金砖四国"通信设施虽然取得了快速发展,但四国通信设施水平差距较大。俄罗斯通信设施水平较高,尤其是移动电话和互联网发展水平较高。其次是巴西、中国,且巴西和中国的移动电话和个人电脑都取得了快速发展。印度的通信设施水平较低,其主要的通信设备还是日报,日报种类高达 16580 种,是俄罗斯的 34 倍,且印度还面临严重的城乡通信设施发展的差距问题。

2.4　教育基础设施

巴西是南美洲地区经济最发达的国家,但早期巴西国内的教育事业发展一直滞后于经济增长。直到 1998 年,巴西政府才意识到教育的重要作用,积极推动教育事业发展。巴西是世界上唯一把教育经费写入宪法的国家,因而其国内教育经费有立法保证的条件下,政府公共教育支出占 GDP 比重相对较高。[①] 例如,2012 年,巴西政府公共教育支出占 GDP 比重为 5.8%,超过了世界高收入国家公共教育支出的比例。巴西教育主要由联邦政府、州政府和市政府实行。联邦政府主要制定相关规定;州政府的主要任务是负责基本教育和中等教育;市政府主要负责幼儿教育和基本教育。巴西各类教育层次的学校均包括公立学校和私立学校。公立学校提供免费学习、免费午餐和统一制服,其中,公立高校还有一定数额的奖学金和生活费。私立学校要求交纳学费,但也对优秀学生提供奖学金。近年来,巴西私立学校发展迅速,85% 以上的大学生就读于私立大学。私立学校的高等教育水平远高于公立学校,有几所私立学校已经成为巴西最优秀的学校。可能原因是巴西政府对私立学校推行的宽松政策,如审批简化、税收免征、贷款增加等措施。

―――――――――――

① 王检. 巴西教育公共服务对我国教育公共服务发展的启示 [J]. 求实, 2010 (1): 291 – 292.

从最新的统计数据来看，2015 年，巴西的中学生入学率达到了 90.2%，大学入学率为 37.57%。但巴西教育发展的地区差异巨大。巴西南部及东南部的教育水平已经超过了拉美平均水平，而东北部地区基础教育指数是拉美最低水平之一。地区教育的差距将导致教育不公平现象的存在，影响各地区教育质量水平。

教育投资是教育事业发展的基础。一直以来中国的教育投资总体水平比较低。胡玉顺（1996）指出，"中国教育投资在较长时期内存在教育投资过少，与教育事业发展所需的人力、财力和物力严重失衡"。近年来，中国公共教育支出比重在不断上升，但还是远低于世界平均水平，同时也低于同期中等收入国家平均水平。数据显示，2012 年中国公共教育支出占 GDP 比重是 3.7%，世界教育支出的平均水平为 4.9%，中等收入国家教育支出的平均水平为 4.8%。[1] 中国教育支出水平的地区差距较大。以北京和西藏为例，2011 年，北京市教育经费为 737.400 亿元，西藏教育经费仅 82.6 亿元。

随着经济的快速发展，中国的教育水平在不断提高。2012 年，中国的初等教育入学率、中等教育入学率和高等教育入学率分别为 127.9%、89% 和 26.7%，相比于 2005 年，分别增长了 16.1%、28.8% 和 8.4%。目前，普通小学学校数为 228585 所，普通中学学校数为 6625 所，普通高等学校数为 2442 所。[2]

印度的近代教育经历了两百多年的发展，包括英国殖民统治时期和独立后期两个阶段。印度在独立后的教育改革和创新，使得国内教育面貌发生了较大变化。印度大力发展高等教育与软件行业，有效地促进了经济发展。政府教育支出是教育发展的物质基础和保证。2000 年，公共教育经费开支占 GDP 比重达到 4.4%，高于世界平均水平，中学生教育支出和大学生教育支出占人均 GDP 比重分别是 25.8% 和 98.5%，均远高于世界高收入国家。2012 年，公共教育支出占 GDP 比重有所下降，该比例为 3.4%，中学生教育支出和大学生教育支出占人均 GDP 比重分

① 吴春燕. 印度教育的发展与印度现代化 [J]. 福州：福建师范大学硕士学位论文，2007：1 - 77.

② 世界经济发展数据库：https：//databank. worldbank. org/reports. aspx？source = world - development - indicators.

别下降为 13.5% 和 53.9%。

印度的高等教育为国家培养了大量科技人才，这也是印度软件业迅猛发展的原因之一。印度国内 2500 多所中学开设了电脑课程，400 多所大专院校开设了计算机及电脑软件专业，每年有超过 6000 名的计算机专业的毕业生，同时每年有 25 万人接受信息技术培训。①

虽然印度高等教育比较发达，但从整体上来看，印度的教育水平及教育设施水平比较落后。2012 年，印度 15 岁及以上成年人识字率仅为 66%，低于世界平均水平 84.3%。生师比率（教师 = 1）常用于进行学校教育质量的跨国比较。生师比率越低，该国教育质量越高。印度的小学生师比和中学生师比分别为 35.2% 和 25.9%，表明印度的教育质量并不高。

俄罗斯在历史上一直非常重视教育、重视人才。俄罗斯第一批学校出现在 17 世纪中期，主要是一些手工艺学校，负责培养医师和印刷工人。到 18 世纪，俄罗斯教育体系出现世俗化，出现大量贵族学校。苏联解体后，俄罗斯沿袭了苏联的教育制度。教育体系分为学前教育、普通教育、职业教育、中等教育和高等教育。从资金来源来看，俄罗斯学校可以分为公费学校和私立学校。从数量来看，目前俄罗斯以国立学校为主，学校费用主要靠国家财政拨款，但私立学校的数量在与日俱增。就高等学校而言，现有 514 所国立高等学校，私立学校 300 余所。

目前，俄罗斯教育体制正在向国际教育体制和西方教育体制并轨。教育水平也在世界名列前茅，尤其是高等教育。2012 年，15 岁以上成人识字率达到了 99.7%。高等教育入学率达到 76.2%，超过世界高收入国家的平均高等教育入学率。俄罗斯教育质量相对较高，小学生师比为 19.4%，中学生师比为 8.7%。

---

① 吴春燕. 印度教育的发展与印度现代化 [D]. 福州：福建师范大学硕士学位论文，2007：1 – 77.

2.5 医疗卫生设施

巴西的医疗卫生体系主要包括公立医院、私立医院和诊所。巴西的卫生服务主要由政府扶持，如政府公办医院占全国医疗机构的75%以上。在巴西，除了特殊的手术费用外，所有巴西公民甚至在巴西境内的外国公民均可享受免费的基础医疗服务。[①] 私立医院为公立医疗卫生体系的有效补充。巴西居民可以通过购买商业保险获得私立医院的服务。巴西医疗卫生服务的主要特点是分区分级治疗。患者先到所在社区卫生站接受治疗，且享受免费医疗服务，如有必要，可凭借医生出具的转诊证明到综合性和专科医院就诊，同时享受价格低廉的医疗卫生服务。巴西政府规定，联邦政府必须承担提供初级卫生服务等"全国性公共产品"的责任，并通过财政支出支持各州卫生事业的发展。据世界卫生组织统计，2013年，一般政府财政支出中，卫生支出占48.2%，较上一年增长1.47%。巴西政府高额的医疗支出是国民享受免费医疗卫生服务的基础。巴西的卫生设施普及率较高，2012年，享有卫生设施人口占总人口比重的83.1%，享有清洁饮用水源人口占总人口比重为97.5%。

中国的卫生服务主要由政府和私人提供。改革开放以后，政府逐步放开对医疗卫生领域的干预与控制，医疗卫生机构自负盈亏，实行企业化管理模式。医疗机构之间逐步走向市场竞争，医疗卫生价格主要由市场供求来决定。医生的收入并不是完全与其服务质量挂钩，如医生还能从开具药品的收益中得到部分提成。私立医院在中国市场的份额较小，主要提供初级医疗服务和一般疾病诊断。一方面，中国公立医院的市场化最终导致了居民"看病贵，看病难"等问题；另一方面，导致了中国医疗水平的地区差距越来越大。大城市沿海城市拥有高端医疗设备、

---

① 姜立刚，王伟. 金砖国家一类卫生体制对中国医改的启示［J］. 当代经济研究，2014（3）：38-41.

优秀技术人员，西部偏远农村居民却得不到基本的医疗卫生服务。中国医疗卫生服务的公平性较差，2000 年世界卫生组织报告中，中国卫生系统的公平性排名为第 188 位，远低于其他金砖国家。中国医疗卫生支出水平较低，2012 年，中国医疗支出占 GDP 比重仅为 5.6%，低于世界的平均水平 9.9%；人均医疗支出仅为 366.9 美元，远低于世界平均水平 1047.8 美元。

印度的卫生服务机构主要由公立医疗机构、私人医疗机构和农村三级医疗保健网络构成。由政府举办的公立医疗机构向所有公民提供免费医疗服务，但这种免费的医疗服务质量和水平与发达国家不可相提并论。私立医院主要为富人提供服务，可享受高档的医疗卫生设施，但需要支付昂贵的医疗费用。私有医疗机构占 42%。农村三级医疗保健网络主要为穷人提供免费医疗服务。近年来，随着经济的发展，印度卫生设施得到较大改善，印度人群的健康状况得到极大改善。但相比其他国家而言，印度的卫生设施依然相对比较落后。2012 年，印度每千人医生数仅为 0.7，每千人口病床数 0.7，远低于其他金砖国家。

苏联解体后，俄罗斯政府对医疗体系进行了改革，将卫生政策的决定权下放到各联邦政府和地方政府，减少中央政府对医疗资源的垄断与控制。俄罗斯的医疗卫生体制以政府为主、市场为辅，鼓励私立医院的发展，支持居民购买商业医疗保险。[①] 在服务质量方面，医疗人员的收入与其治疗效果挂钩，对医生的工作表现进行嘉奖。2004 年，中央政府积极推行医药分离政策，医生仅有处方权与手术权，不得从药商方获取利润。在俄罗斯的卫生总费用中，私人医疗卫生支出比例较高，且有不断上涨的趋势。2013 年，一般政府医疗卫生支出占政府总支出的比重为 8.4%，较上一年下降了 5 个百分点，而私人医疗卫生支出比例达到了 51.9%，较上一年增加 3 个百分点。

---

① 姜立刚，王伟. 金砖国家一类卫生体制对中国医改的启示 [J]. 当代经济研究，2014 (3)：38－41.

2.6 小　结

本章主要对"金砖四国"的基础设施现状进行了详细分析和简单的比较，得到如下结论：

第一，从能源基础设施角度来看，总体而言，"金砖四国"的自然资源和能源比较丰富，是世界重要的能源生产与能源消费大国。该四国自身的资源和能源特点决定了各国未来在能源合作方面具有极大的互补性与广阔的合作空间。具体而言，巴西和俄罗斯是重要的能源输出国，中国和印度是重要的能源消费国；巴西和俄罗斯的能源消费以清洁能源为主，中国和印度的能源消费以煤炭为主。在交通基础设施方面，"金砖四国"的交通运输方式存在差异，但总的来说，公路仍是"金砖四国"最主要的交通运输方式。在通信基础设施方面，"金砖四国"的移动通信和互联网行业发展得到快速发展。整体而言，俄罗斯的通讯基础设施水平较高，印度的通信基础设施水平相对较低。

第二，在教育基础设施方面，"金砖四国"的教育水平在不断提高，但政府公共教育支出比例普遍偏低。总体而言，巴西和俄罗斯的教育基础设施水平较高，中国和印度的教育基础设施水平相对较低。在医疗卫生方面，近年来，"金砖四国"的医疗卫生设施水平得到较大改善与提高，但该四国的医疗卫生设施水平仍存在一定的差距。巴西和俄罗斯的医疗卫生水平及医疗卫生普及率水平较高，中国的医疗卫生支出水平较低，印度的医疗卫生设施水平最低。

第3章

"金砖四国"基础设施投资
规模的比较分析

现有研究主要采用两种方法来度量基础设施投资规模：一是把基础设施看作货币形式的流量度量；二是将基础设施看作实物形式的存量衡量。流量指标主要衡量当期基础设施的投资量。存量指标用来衡量当前基础设施现有水平和累积量。本章将从基础设投资流量和实物存量两个方面来考察"金砖四国"基础设施投资规模。

3.1 基础设施投资流量比较分析

关于基础设施投资，现有各类统计资料并未直接公布这一指标数据，只能根据《世界投入产出数据库》（2013版）提供的相关数据进行估算。世界银行（1944）认为，基础设施包括经济基础设施和社会基础设施，其中，经济基础设施是指长期使用的工程构筑、设备、设施以及其为经济生产和家庭所提供的服务；社会基础设施主要包括教育、卫生保健和环境保护等。因此，现有文献普遍选取基础设施中的某些项目来研究。[①] 鉴于数据的可获得性，本章选取《世界投入产出数据库》中"电力、天然气及供水""陆地运输""水运""航空""其他辅助运输"

---

① 张光南，洪国志，陈广汉．基础设施、空间溢出与制造业成本效应［J］．经济学季刊，2013（13）：285－304.

"邮电""教育"和"医疗卫生"等行业的固定资本形成总额的年度数据，对上述指标加总得到"金砖四国"基础设施投资流量数据。《世界投入产出表》公布的是本国货币形式的基础设施投资，为了数据的可比性，本文根据汇率统一为美元货币形式的基础设施投资总额，汇率数据来源于《各国宏观经济指标宝典》（BVD—EIU Countrydata）。

表 3 - 1 列出了 2000 ~ 2011 年"金砖四国"基础设施投资流量。从表 3 - 1 可以看出，2000 ~ 2011 年"金砖四国"基础设施投资流量均值由大到小的国家依次为中国（2709.97 亿美元）、印度（673.93 亿美元）、俄罗斯（611.39 亿美元）和巴西（225.09 亿美元）。中国的基础设施投资远高于其他三个金砖国家，主要原因是中国的基础设施投资主要由政府投资和建设，政府主导的基础设施投资额超过了 90%；印度与俄罗斯的基础设施投资流量比较接近；巴西的基础设施投资最少，因为巴西基础设施投资主要来源于私人投资，例如，巴西的铁路早在 1996 年就已经实现了完全私有化，基础设施的公共属性和私人投资的逐利性导致巴西基础设施投资的不足。因此，一国的基础设施建设，政府应该是投资的主体，私人部门主导的基础设施投资必然会导致投资不足等问题。"金砖四国"基础设施投资流量年均增速较快，均超过了 12%。"金砖四国"基础设施投资年均增速由大到小依次为俄罗斯的 20.63%、中国的 17.44%、巴西的 13.17% 和印度的 12.24%。

表 3 - 1　　　　2000 ~ 2011 年"金砖四国"基础设施投资流量

年份	基础设施投资流量（亿美元）				基础设施投资/固定资本形成总额（%）			
	巴西	中国	印度	俄罗斯	巴西	中国	印度	俄罗斯
2000	107.70	907.12	287.44	127.92	8.32	22.19	26.85	29.75
2001	98.19	1012.06	266.15	164.62	8.58	22.19	24.17	28.73
2002	84.69	1169.65	292.93	166.20	8.43	22.19	24.64	27.07
2003	87.89	1433.93	359.44	226.70	8.66	22.19	23.45	28.84
2004	113.30	1784.20	440.37	316.46	8.76	22.680	21.50	29.50
2005	155.49	2129.52	575.12	446.25	8.93	22.570	21.90	33.43
2006	208.16	2442.58	624.69	582.83	9.12	21.60	20.10	32.41

续表

年份	基础设施投资流量（亿美元）				基础设施投资/固定资本形成总额（%）			
	巴西	中国	印度	俄罗斯	巴西	中国	印度	俄罗斯
2007	284.93	2707.53	830.77	863.98	9.33	19.58	20.28	32.25
2008	365.59	3408.38	1018.66	1170.42	9.33	18.34	23.49	32.58
2009	314.78	4357.05	983.91	932.66	9.33	19.94	22.40	36.66
2010	404.88	4921.98	1158.41	1123.93	9.71	21.72	21.48	37.01
2011	475.51	6245.59	1249.27	1214.69	10.04	25.61	21.55	37.30
均值	225.09	2709.97	673.93	611.39	9.05	21.73	22.65	32.13
增长率	13.17	17.44	12.24	20.63	1.57	1.20	-1.83	1.90

资料来源：《世界投入产出数据库》，http：//www.wiod.org/new_site/home.htm。

注：增长率为年平均增长率，采用《世界发展指标》的几何端点法，不考虑中间值，计算公式为 $r = exp[ln(P_n/P_1)/n] - 1$。

2000～2011年，"金砖四国"基础设施投资流量占固定资本形成总额比重的均值由大到小依次为32.13%（俄罗斯）、22.65%（印度）、21.73%（中国）和9.05%（巴西）。在"金砖四国"中，中国的基础设施投资流量最高，但其基础设施投资流量占固定资本形成总额比重不高，主要因为近年来，中国的房地产市场过热，房地产投资占固定资本形成总额的比重较高。基础设施投资流量占固定资本形成总额比重的年均增速由快到慢依次为1.90%（俄罗斯）、1.57%（巴西）、1.20%（中国）和-1.83%（印度）。

表3-2列出了2000～2011年"金砖四国"不同类型的基础设施投资所占比重。从表3-2可以看出，"金砖四国"不同类型的基础设施投资存在差异，总体而言，中国和印度的基础设施投资领域比较相似，以能源和交通基础设施投资为主，通信基础设施投资为辅；巴西和俄罗斯的基础设施投资领域比较接近，在加大交通基础设施投资的同时，比较注重医疗卫生基础设施投资。整体上来看，"金砖四国"对能源基础设施投资和交通基础设施投资的比重相对较高。具体而言，巴西的基础设施投资中，交通基础设施投资所占比重最高（38.21%），其次依次为能源（27.29%）、医疗卫生（25.11%）、通信（7.92%）和教育

（1.46%）基础设施投资；中国不同类型的基础设施投资所占比重由大到小依次为交通（34.24%）、能源（33.42%）、通信（17.98%）、教育（10.71%）和医疗卫生（3.65%）；印度不同类型的基础设施投资所占比重由大到小依次为交通（37.82%）、能源（32.29%）、教育（12.23%）、通信（11.78%）和医疗卫生（5.87%）基础设施；俄罗斯的各种类型的基础设施投资所占比重差异较大，其中，交通基础设施投资所占比重达到了58.9%，而教育基础设施投资所占比重仅为4.7%。

表 3 - 2　2000 ~ 2011 年"金砖四国"不同类型基础设施投资所占比重的均值

单位：%

国家	能源基础设施	交通基础设施	通信基础设施	教育基础设施	医疗卫生设施
巴西	27.29	38.21	7.92	1.46	25.11
中国	33.42	34.24	17.98	10.71	3.65
印度	32.29	37.82	11.78	12.23	5.87
俄罗斯	18.66	58.90	10.72	4.70	7.02

资料来源：《世界投入产出数据库》，http：//www.wiod.org/new_site/home.htm。

　　综上所述，2000~2011年"金砖四国"基础设施投资流量增长非常迅速，年均增速均超过了12%。就单一国家而言，巴西是"金砖四国"中基础设施投资流量水平是最低的，但巴西基础设施投资流量的增长势头强劲。中国基础设施投资流量远高于其他三个国家，且基础设施投资流量增长率较快。印度的基础设施投资流量高于巴西和俄罗斯，但基础设施投资流量增速是"金砖四国"中最慢的。俄罗斯的基础设施投资流量高于巴西，低于中国和印度，但其基础设施投资流量增长率高于其他三个国家。"金砖四国"基础设施投资流量占固定资本形成总额比重较高，表明"金砖四国"的基础设施投资在固定资产投资乃至经济增长中具有较高的地位。

3.2 基础设施投资存量比较分析

该部分主要考察实物形态的基础设施投资存量。根据基础设施包含的内容,选取能代表基础设施投资的基础指标。指标选取的原则是尽可能全面反映各类基础设施投资水平,对于缺少数据的项目,用其他相关数据来替代。表3-3列出了衡量基础设施投资存量所使用的全部指标,所选择的基础指标均具有较高代表性和可比性。从表3-3可以看出,除小学生师比率为逆指标外,其他指标均为正指标。

表3-3 基础设施投资存量衡量指标体系

所属类别		指标选取	单位	指标属性
经济基础设施	能源基础设施	电力消费量	千瓦时/人	正指标
		能源消耗量	千吨石油当量/人	正指标
		改善水源普及率	%	正指标
	通信基础设施	移动电话普及率	部/千人	正指标
		固定电话普及率	部/千人	正指标
		互联网用户	个/千人	正指标
	交通基础设施	铁路营业里程	万公里	正指标
		公路营业里程	万公里	正指标
		管道输油里程	万公里	正指标
社会基础设施	教育基础设施	中等教育入学率	%	正指标
		公共教育支出/GDP	%	正指标
		小学生师比率	倍数	逆指标
	医疗卫生设施	公共医疗支出/GDP	%	正指标
		卫生设施的普及率	%	正指标

注:分类及指标选取参考 World Bank。①

———————

① World Bank. World Development Report 1994:Infrastructure for Development [M]. Oxford:University Press,1994.

3.2.1 "金砖四国"经济基础设施投资存量比较

1. 能源基础设施投资存量

总体来说,"金砖四国"的能源基础设施存量差异比较大。从表 3－4 可以看出,在人均耗电量方面,2000～2012 年,俄罗斯是人均耗电量最高的国家,其均值为 5940.2 千瓦时/人;印度人均耗电量最低,其均值仅为 523.2 千瓦时/人;中国人均电产量年均增长率最高,达到了 10.1%,俄罗斯人均耗电量年均增长速度最慢,仅为 1.9%。在人均能源使用方面,俄罗斯的人均能源使用最高的国家,其均值为 4654.1 千吨石油当量/人,而印度人均能源使用最低,均值仅为 515 千吨石油当量/人;中国的人均能源使用的年增长率最快,达到了 8.4%,其次依次为印度的 3.9%、巴西的 3.1% 和俄罗斯的 1.7%。在用水普及率方面,巴西和俄罗斯的用水普及率水平较高。2000～2012 年,巴西用水普及率水平的均值为 95.6%,俄罗斯的用水普及率水平一直高于 95.1%,而中国和印度的用水普及率相对较低,在 2000 年分别为 80.1% 和 80.6%,到 2012 年用水普及率得到较大提高,达到了 91.9% 和 92.6%,且年均增长率最快,均为 1.1%。

表 3－4　　　　　　　2000～2012 年 "金砖四国"能源利用

国家	年份	人均耗电量 （千瓦时/人）	人均能源使用 （千吨石油当量/人）	用水普及率
巴西	2000	1900.5	933.7	93.5
	2012	2462.2	1391.9	97.5
均值		2097.8	1209.5	95.6
年增长率		2.0	3.1	0.3
中国	2000	993.3	752.6	80.1
	2012	3475.0	2142.8	91.9
均值		2092.0	1459.2	87.0
年增长率		10.1	8.4	1.1

国家	年份	人均耗电量（千瓦时/人）	人均能源使用（千吨石油当量/人）	用水普及率
印度	2000	391.0	379.1	80.6
	2012	743.7	623.7	92.6
均值		523.2	515.0	86.7
年增长率		5.1	3.9	1.1
俄罗斯	2000	5198.4	4224.3	95.1
	2012	6617.1	5283.4	97.0
均值		5940.2	4654.1	96.2
年增长率		1.9	1.7	0.2

资料来源：The World Bank, http://data.worldbank.org/indicator.

注：增长率为年平均增长率，采用《世界发展指标》的几何端点法，不考虑中间值，计算公式为 $r = \exp[\ln(P_n/P_1)/n] - 1$。世界银行未公布 2013 年数据，能源基础设施指标均截至 2012 年。

综上所述，2000～2012 年俄罗斯的能源基础设施存量水平最高，巴西的能源基础设施存量水平较高，可能原因是俄罗斯和巴西拥有石油、清洁能源等巨大的能源优势，但该两国的能源基础设施存量增速较慢，可能原因是巴西和俄罗斯两国的国内能源市场已接近饱和状态，所以国际能源合作是巴西和俄罗斯未来充分发挥本国能源优势的重要战略之一。中国的能源基础设施存量水平的增长势头强劲，能源基础设施存量增长率高于其他三国，印度的能源基础设施存量最低，能源基础设施存量的增速高于巴西和俄罗斯，表明中国和印度的能源市场发展潜力巨大。

2. 交通基础设施投资存量

根据表 3-5 可知，整体来看"金砖四国"的交通基础设施投资存量增长速度比较缓慢，2000～2013 年，无论是铁路和公路营业里程还是管道运输里程的年平均增长速度均较低。具体而言，2000～2013 年，"金砖四国"铁路营业里程均值由大到小依次为 8.6 万公里（俄罗斯）、8.1 万公里（中国）、6.4 万公里（印度）和 2.9 万公里（巴西），其中，中国铁路营业里程年均增长速度最快达到了 2.9%，其他三个金砖

国家的铁路营业里程增速均较慢。"金砖四国"公路营业里程均值由大
到小依次为 308.9 万公里（中国）、165.9 万公里（巴西）、68.5 万公
里（俄罗斯）和 24.8 万公里（印度）；公里营业里程年均增速分别为
8.4%（中国）、4.5%（俄罗斯）、4.0%（印度）和 0.5%（巴西）。
"金砖四国"管道输油里程均值由大到小依次为 9.8 万公里（中国）、
5.0 万公里（俄罗斯）、4.0 万公里（印度）和 0.7 万公里（巴西），其
中，中国的管道运输年均增速最高，为 10.2%。这表明，进入 21 世纪
后，中国加大了交通基础设施投资力度，交通基础设施投资存量出现了
快速增长，且明显高于其他三个金砖国家。

表 3 - 5　　　　2000 ~ 2013 年"金砖四国"的交通运输　　　单位：万公里

国家	年份	铁路营业里程	公路营业里程	管道输油里程	总里程
巴西	2000	2.6	158.0	0.7	161.3
	2013	3.0	172.0	0.8	175.8
均值		2.9	165.9	0.7	169.6
增长率		1.3%	0.5%	1.0%	0.5%
中国	2000	6.9	168.0	2.5	149.6
	2013	10.3	436.0	9.8	467.8
均值		8.1	308.9	5.6	322.6
增长率		2.9%	8.4%	10.2%	8.3%
印度	2000	6.3	18.0	1.6	25.9
	2013	6.5	31.2	4.0	42.2
均值		6.4	24.8	2.5	33.7
增长率		0.2%	4.0%	6.8%	3.5%
俄罗斯	2000	8.6	53.0	4.8	66.4
	2013	8.6	98.0	5.5	116.1
均值		8.6	68.5	5.0	82.1
增长率		0.0%	4.5%	1.0%	3.8%

资料来源：《国际统计年鉴 2000—2014》和《金砖国际联合统计手册》。

注：增长率为年平均增长率，采用《世界发展指标》的几何端点法，不考虑中间值，计
算公式为 $r = \exp[\ln(P_n/P_1)/n] - 1$。

就单一金砖国家而言，2000～2013年，巴西国内交通基础设施存量并没有显著变化，交通运输总里程年均增速为1.3%，虽然公路营业里程最长，但年均增速仅为0.5%。中国的交通基础设施存量是"金砖四国"中增长最快的国家，铁路营业里程、公路营业里程、管道输油里程以及交通运输总里程年均增速分别达到了2.9%、8.4%、10.2%和8.3%。印度的交通基础设施存量相对较低，尤其是公路基础设施存量，但公路和管道基础设施存量仍保持较快的增长速度。俄罗斯的交通运输以公路为主，公路营业里程保持着较高的年均增速。虽然俄罗斯铁路和管道基础设施存量水平相对较高，但近年来，铁路和管道基础设施投资存量水平并没有得到提高。

通过上文比较可知，2000～2013年，巴西的交通基础设施存量高于印度和俄罗斯，但交通基础设施存量增速是"金砖四国"中最低的。中国的交通基础设施存量水平是"金砖四国"中最高的，且交通基础设施存量增速也是最快的，主要原因是金融危机后，中国政府"四万亿"的经济刺激计划主要集中在铁路、公路、电力等大型的基础设施投资领域，从而促进了中国交通基础设施的快速发展。印度的交通基础设施存量远低于其他三国，交通基础设施存量增速高于巴西，但低于中国和俄罗斯。俄罗斯的交通基础设施存量高于印度，但低于巴西和中国，主要原因是近年来俄罗斯并未加强对铁路基础设施的投资，铁路基础设施存量基本维持在原有的水平。谢里波夫和罗季奥诺夫（Sharipov and Rodionov, 2015）指出，目前，俄罗斯的基础设施（交通运输、工业、能源制造业等）主要是在苏联时期建设的，长期以来，俄罗斯的基础设施水平并未得到明显提高与改善。

总之，"金砖四国"的交通运输方式仍以公路运输为主，铁路运输为辅。近年来，非石油、天然气等能源输出国家如中国和印度加大了对管道基础设施投资的建设，其管道输油里程年均增速均较高。

3. 通信基础设施投资存量

通信业主要包括固定电话通信、移动电话通信和网络通信。从表3-6可以看出，2000～2013年，"金砖四国"固定电话普及率均值由高到低依次为282.2部每千人（俄罗斯）、213.1部每千人（中国）、212.5部每千人（巴西）和33.0部每千人（印度）；固定电话普及率年均增速由高到低依次为 24.1%（中国）、8.7%（巴西）、8.3%（印度）和 4.7%（俄罗斯），俄罗斯的增长速度最慢，主要原因是进入 21 世纪以后，俄罗斯的固定电话市场已经接近饱和状态。2000 年之后，"金砖四国"的移动通信和互联网通信得到较快发展。2000~2013 年，移动电话普及率均值由高到低依次为 962 部每千人（俄罗斯）、660.2 部每千人（巴西）、427.1 部每千人（中国）和 289.7 部每千人（印度）。虽然印度的移动电话普及率均值最低，但其年均增长速度最快，达到了 264%。2000~2013 年，"金砖四国"互联网普及率均值由高到低依次

表 3-6　　　　　2000~2013 年"金砖四国"通信基础设施

国家	年份	固定电话普及率（部/千人）	移动电话普及率（部/千人）	互联网普及率（每千人）
巴西	2000	177.2	133.4	28.7
	2013	225.0	1364.2	492.5
均值		212.5	660.2	276.2
年增长率		8.7%	87.9%	80.2%
中国	2000	113.1	67.5	17.8
	2013	196.0	903.1	458.0
均值		213.1	427.1	192.7
年增长率		24.1%	86.0%	252.5%
印度	2000	26.0	3.5	5.3
	2013	23.0	717.0	172.2
均值		33.0	289.7	51.7
年增长率		8.3%	264.0%	135.0%
俄罗斯	2000	226.0	22.3	19.8
	2013	290.5	1933.4	614.0
均值		282.2	962.0	250.4
年增长率		4.7%	115.9%	126.2%

资料来源：世界经济发展数据库和《金砖国家联合统计手册 2015》。
注：增长率为年平均增长率，采用《世界发展指标》的几何端点法，不考虑中间值，计算公式为 $r = \exp[\ln(P_n/P_1)/n] - 1$。互联网用户是指过去半年内使用过互联网的 6 周岁及以上居民。

为276.2每千人（巴西）、250.4每千人（俄罗斯）、192.7每千人（中国）和51.7每千人（印度），其中，中国的互联网普及率年均增速最快，达到了252.5%。

就单一金砖国家而言，巴西的移动电话普及率超过了其固定电话和互联网普及率，且年均增长速度也是最快的；虽然中国的移动电话普及率较固定电话和互联网普及率都高，但移动电话普及率年均增长速度远低于互联网普及率的增速；印度的固定电话普及率和互联网普及率都远低于移动电话普及率，同时，其国内移动电话普及率的年均增速也相对较快；俄罗斯的通信技术比较发达，固定电话普及率、移动电话普及率和互联网普及率均相对较高，由于其固定电话市场接近饱和，固定电话普及率年均增速较低，而移动电话普及率和互联网普及率年均增速均较高，分别达到了115.9%和126.2%。

通过上述分析可知，总体而言，2000～2013年俄罗斯的通信基础设施存量水平是"金砖四国"中最高的，且保持着较高的增速。中国通信基础设施存量低于巴西和俄罗斯，但高于印度，且通信基础设施存量增速高于其他三国。印度的通信基础设施存量水平最低，但仍保持着较高的增速，增长势头强劲。巴西的通信基础设施存量低于俄罗斯，高于中国和印度，但通信基础设施存增速是"金砖四国"中最慢的。

3.2.2 "金砖四国"社会基础设施投资存量比较

1. 教育基础设施投资存量

该部分主要从教育投入（公共教育支出占GDP比重）、教育成果（中学教育入学率）和教育质量（小学生师比）三个方面来对比和分析"金砖四国"的教育基础设施存量水平。

从表3-7可以看出，2000～2012年，"金砖四国"公共教育支出占GDP比重的差异较大。具体而言，2000年，中国的公共教育支出占GDP比重最低，仅为2.4%，其次为俄罗斯的2.9%，远低于巴西的4.0%和印度的4.3%。到2012年，中国和俄罗斯的公共教育支出占GDP比重有所增加，但巴西和印度的公共教育支出比例依然维持在较高水平。2000～2012年，"金砖国家"公共教育支出占GDP比重均值由高到低依次为 4.9（巴西）、3.9（俄罗斯）、3.6（印度）和 2.8（中国）。

表 3-7   2000~2013 年"金砖四国"教育基础设施

国家	年份	公共教育支出占 GDP 比重（%）	中等教育入学率（%）	小学生师比率
巴西	2000	4.0	104.2	24.8（倍）
	2012	6.4	108.8	20.5（倍）
均值		4.9	103.9	22.3（倍）
增长率		3.6	0.3	-1.4%
中国	2000	2.4	58.	22.2（倍）
	2012	3.8	89.0	17.4（倍）
均值		2.8	70.4	19.4（倍）
增长率		3.7	3.3	-1.9%
印度	2000	4.3	46.1	40.0（倍）
	2012	3.9	70.0	35.0（倍）
均值		3.6	57.0	38.9（倍）
增长率		-0.7	3.2	-1.0%
俄罗斯	2000	2.9	83.0	17.6（倍）
	2012	4.5	95.3	19.6（倍）
均值		3.9	87.6	17.4（倍）
增长率		3.3	1.1	0.8%

资料来源：《国际统计年鉴2000—2014》、《金砖国际联合统计手册》、中国统计局和俄罗斯联邦统计局。

注：增长率为年平均增长率，采用《世界发展指标》的几何端点法，不考虑中间值，计算公式为 $r = \exp[\ln(P_n/P_1)/n] - 1$。

2000~2012 年，"金砖四国"的中等教育入学率总体上呈上升趋势，巴西的中等教育入学率一直处于最高水平，没有发生较大波动，主要原因是巴西的教育投入水平较高；中国的中等教育入学率增长速度较快，年均增速为 3.3%；俄罗斯的中学教育入学率处于较高水平；印度的中等教育入学率最低。

小学生师比率（教师=1）常用于进行学校教育质量的跨国比较。[①]
小学生师比率越低，该国教育质量越高。2000～2012年，印度的小学
生师比率总体上呈现下降趋势，但是与巴西、中国和俄罗斯相比，印度
小学生师比始终处于最高水平，表明印度的学校教育质量在不断提高，
但教育质量远低于比巴西、中国和俄罗斯的学校教育质量；巴西、中国
和俄罗斯的小学生师比率比较接近，始终在20左右波动。

2. 医疗卫生设施投资存量

（1）公共医疗卫生支出。2000～2012年，"金砖四国"的公共医疗
卫生支出占GDP比重均值由大到小依次是8.1%（巴西）、5.7%（俄
罗斯）、4.8%（中国）和4.1%（印度）。根据图3－1可知，从总体上
来看，巴西和中国的公共财政支出所占比重呈上升趋势；印度公共财政
支出在样本期内波动幅度较小；俄罗斯的公共财政支出占GDP比重在
样本期内先上升，在2002年达到峰值（5.983%），然后下降，在2003～
2008年间基本呈水平走势，波动幅度较小，2009年以后有所增加，公
共财政支出占GDP比重超过6.06%。2000年以后，巴西的公共医疗支
出所占比重值一直处于"金砖四国"的最高水平，且呈现不断上升的
趋势。2000～2012年，巴西公共医疗支出占GDP比重的均值超过了
7.5%，2012年更是突破了9%，而在此期间，印度的公共医疗卫生支
占GDP比重低于其他三个金砖国家，甚至还呈现下降的趋势。

（2）医疗卫生设施的普及率。医疗卫生设施的普及率能反映各国
医疗卫生的使用率和可及性。从表3－8可以看出，"金砖四国"医疗
卫生设施普及率差异较大，2000～2012年均值由大到小依次为巴西的
78%、俄罗斯的71.1%、中国的56.4%和印度的30.7%。主要原因是，
医疗卫生设施普及率与政府公共医疗卫生支出具有紧密联系。根据上文
分析可知，2000～2012年，"金砖四国"公共医疗卫生支出占GDP比
重均值由大到小的国家依次为巴西、俄罗斯、中国和印度，这一排列顺
序与"金砖四国"医疗卫生设施普及率由高到低的国家排列顺序完全
一致。

[①] 世界银行. 2008年世界发展指标 [M]. 北京：中国财政经济出版社，2008.

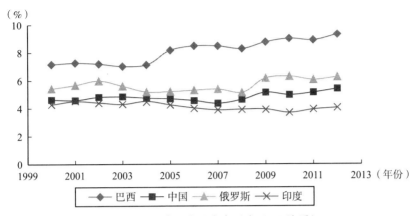

图 3 - 1　医疗卫生总支出（占 GDP 比重）

资料来源：世界银行发展数据库。

表 3 - 8　　　　2000～2013 年"金砖四国"医疗卫生设施的普及率　　　单位：%

	巴西	中国	印度	俄罗斯
2000	74.6	44.6	25.5	72.1
2001	75.2	46.7	26.3	71.9
2002	75.8	48.8	27.2	71.7
2003	76.4	50.8	28.1	71.5
2004	77.0	52.9	29.0	71.3
2005	77.5	54.9	29.9	71.2
2006	78.1	57.0	30.7	71.0
2007	78.6	59.0	31.6	70.8
2008	79.2	60.9	32.5	70.7
2009	79.7	62.9	33.4	70.6
2010	80.3	64.8	34.2	70.4
2011	80.8	65.1	35.1	70.4
2012	81.3	65.3	36.0	70.4
2013	81.3	65.3	36.0	70.5
均值	78.0	56.4	30.7	71.1
年均增长率	0.6	2.8	2.5	-0.2

资料来源：世界经济发展数据库。

注：增长率计算公式为 $r = \exp[\ln(P_n/P_1)/n] - 1$。

总体上来看,除俄罗斯外,各国的医疗卫生设施普及率呈上升趋势,其中,中国医疗卫生设施普及率的增长速度最快,样本期内年均增长率达到了2.8%。虽然印度医疗卫生设施普及率的年均增长速度也较快,但其卫生设施普及率的总体水平太低。2000~2012年,俄罗斯的医疗卫生设施普及率的年增长率为负数,但其总体水平较高,一直维持在70%以上的水平。

3.3 小 结

本章通过对"金砖四国"基础设施投资规模进行了横向和纵向比较和分析,得到如下结论:

第一,2000~2011年"金砖四国"基础设施投资流量出现了快速增长。中国的基础设施投资流量具有绝对的领先优势,主要源于中国政府"四万亿"的经济刺激计划推动了基础设施投资的快速发展。其他三国基础设施流量由大到小依次为印度、俄罗斯和巴西。"金砖四国"基础设施投资流量占固定资本形成总额比重较高,表明"金砖四国"的基础设施投资在固定资产投资乃至经济增长中具有较高的地位。从基础设施投资流量的增速来看,2000~2011年"金砖四国"基础设施投资流量年均增速均超过了12%。就单一国家而言,巴西是"金砖四国"中基础设施投资流量水平是最低的,但巴西基础设施投资流量的增长势头强劲。中国基础设施投资流量远高于其他三个国家,且基础设施投资流量增长率较快。印度的基础设施投资流量高于巴西和俄罗斯,但基础设施投资流量增速是"金砖四国"中最慢的。俄罗斯的基础设施投资流量高于巴西,低于中国和印度,但其基础设施投资流量增长率高于其他三个国家。

第二,"金砖四国"对不同类型的基础设施投资存在一定差异。巴西基础设施投资流量中,能源、交通和医疗基础设施投资占有较高比重;中国和印度基础设施投资领域较为相似:以能源和交通基础设施投资为主,通信基础设施投资为辅;俄罗斯基础设施投资以交通基础设施投资为主,也重视医疗卫生基础设施投资。"金砖四国"不同类型的基础设施投资存在差异的主要原因在于该四国的经济发展结构和资源禀赋的差异。但整体上来说,能源基础设施和交通基础设施投资依然是该四国的重点投资领域。

第三,"金砖四国"基础设施投资存量存在较大差异。从经济基础设施投资存量来看,总体而言,俄罗斯的能源和通信基础设施投资存量最高,中国的交通基础设施存量水平最高,而印度的能源、通信和交通基础设施存量水平最低,且与其他三个金砖国家的差距较大。从社会基础设施投资存量来看,首先,在教育基础设施投资存量方面,巴西、印度和俄罗斯的教育投入相对较高,中国的教育投入最低;巴西和俄罗斯的教育成果较高,中国的教育成果相对较低,而印度的教育成果最差;俄罗斯的教育质量水平最高,其次,依次为中国、巴西和印度。再其次,"金砖四国"公共医疗卫生支出占 GDP 比重、医疗卫生设施普及率都存在一定差异。总体上来看,巴西和俄罗斯的公共医疗卫生支出占GDP 比重较高,因此,巴西和俄罗斯的医疗卫生设施普及率较高;虽然中国医疗卫生设施普及率的增长速度最快,但其公共医疗卫生支出水平及医疗卫生设施普及率相对较低;印度的公共医疗卫生支出占 GDP 比重和医疗卫生普及率均处于"金砖四国"的最低水平。

第4章

"金砖四国"基础设施投资的
资本形成效应

基础设施投资的重要意义在于，通过为企业的生产活动提供生产性服务来扩大生产可能性边界，从而带动私人投资并促进实体经济的发展。因此，探讨基础设施投资对资本形成的影响成已经成为公共投资领域的研究重点和研究趋势。

基础设施投资的资本形成效应包括基础设施投资资本形成的直接影响和对私人资本形成的间接影响。基础设施对私人资本形成的间接影响主要是考察基础设施投资是否"挤入"了私人投资，从而促进了实体经济的发展。①

4.1 "金砖四国"基础设施投资
与资本形成：直接效应

本章利用"金砖四国"基础设施投资占固定资本形成总额的比重来衡量基础设施对资本形成的直接效应。世界银行认为，基础设施包括经济基础设施和社会基础设施，其中，经济基础设施是指长期使用的工程构筑、设备、设施以及其为经济生产和家庭所提供的服务；社会基础

---

① 唐东波.挤入还是挤出：中国基础设施投资对私人投资的影响研究［J］.金融研究，2015（8）：31－45.

设施主要包括教育、卫生保健和环境保护等。① 本章选取《世界投入产出数据库》中"电力、天然气及供水""陆地运输""水运""航空""其他辅助运输""邮电"行业的固定资本形成总额来衡量经济基础设施,"教育"和"医疗卫生"行业的固定资本形成总额来衡量社会基础设施。通过加总经济基础设施和社会基础设施投资得到"金砖四国"基础设施投资流量数据。

从表 4-1 可以看出,2000~2011 年"金砖四国"基础设施投资占固定资本形成总额比重的均值由大到小依次为 32.13% (俄罗斯)、22.65% (印度)、21.73% (中国)和 9.05% (巴西)。基础设施投资流量占固定资本形成总额比重的年均增速由快到慢次为 1.90% (俄罗斯)、1.57% (巴西)、1.20% (中国)和 -1.83% (印度)。就单一国家而言,巴西、中国和俄罗斯的基础设施投资占固定资本形成总额的比重总体上呈上升趋势,印度的基础设施投资占固定资本形成总额的比重呈先下降后上升趋势。中国、印度和俄罗斯的基础设施投资占固定资本形成总额比重比较接近且波动较小,而巴西的基础设施投资占固定资本形成总额的比重远低于其他三个金砖国家。综上,2000~2011 年,"金砖四国"基础设施投资的直接资本形成效应由大到小的国家依次为俄罗斯、印度、中国和巴西。

表 4-1 　 2000~2011 年基础设施投资占固定资本形成总额的比重　　单位:%

年份	基础设施投资/固定资本形成总额			
	巴西	中国	印度	俄罗斯
2000	8.32	22.19	26.85	29.75
2001	8.58	22.19	24.17	28.73
2002	8.43	22.19	24.64	27.07
2003	8.66	22.19	23.45	28.84
2004	8.76	22.68	21.50	29.50
2005	8.93	22.57	21.90	33.43

---

① World Bank. World Development Report 1994: Infrastructure for Development [M]. Oxford: University Press, 1994.

年份	基础设施投资/固定资本形成总额			
	巴西	中国	印度	俄罗斯
2006	9.12	21.60	20.10	32.41
2007	9.33	19.58	20.28	32.25
2008	9.33	18.34	23.49	32.58
2009	9.33	19.94	22.40	36.66
2010	9.71	21.72	21.48	37.01
2011	10.04	25.61	21.55	37.30
均值	9.05	21.73	22.65	32.13
增长率	1.57	1.20	-1.83	1.90

资料来源:《世界投入产出数据库》: http://www.wiod.org/new_site/home.htm。

注:增长率为年平均增长率,采用《世界发展指标》的几何端点法,不考虑中间值,计算公式为 $r = \exp[\ln(P_n/P_1)/n] - 1$。

下面,将分别从经济基础设施(包括电力、天然气及供水、陆地运输、水运、航空、其他辅助运输和邮电)和社会基础设施(包括教育和医疗卫生)来考察其资本形成的直接效应。从表4-2可以看出,"金砖四国"经济基础设施投资的资本形成效应远大于社会基础设施投资的资本形成效应。2000~2011年,"金砖四国"经济基础设施投资占固定资本形成总额比重的均值由大到小依次为28.38%(俄罗斯)、18.61%(印度)、16.60%(中国)和7.07%(巴西);社会基础设施投资占固定资本形成总额比重的均值由大到小依次为4.04%(印度)、3.74%(俄罗斯)、3.14%(中国)和1.98%(巴西)。

表4-2　　2000~2011年经济基础设施投资和社会基础设施投资所占比重

单位:%

年份	经济基础设施投资				社会基础设施投资			
	巴西	中国	印度	俄罗斯	巴西	中国	印度	俄罗斯
2000	6.52	18.45	24.06	26.07	1.80	3.74	2.78	3.68
2001	6.64	18.45	20.47	25.26	1.94	3.74	3.70	3.47

年份	经济基础设施投资				社会基础设施投资			
	巴西	中国	印度	俄罗斯	巴西	中国	印度	俄罗斯
2002	6.44	18.45	20.80	23.90	1.98	3.74	3.84	3.17
2003	6.59	18.45	19.58	25.65	2.07	3.74	3.87	3.19
2004	6.84	19.07	17.30	26.41	1.92	3.61	4.19	3.09
2005	7.01	19.34	17.47	29.17	1.92	3.23	4.42	4.26
2006	7.22	18.84	15.83	27.83	1.90	2.76	4.27	4.58
2007	7.34	17.20	15.76	27.74	2.00	2.37	4.51	4.51
2008	7.34	16.21	19.41	28.48	2.00	2.13	4.08	4.10
2009	7.34	17.55	18.14	32.89	2.00	2.40	4.26	3.77
2010	7.64	18.85	17.25	32.65	2.08	2.87	4.22	4.36
2011	7.89	22.29	17.20	34.55	2.15	3.32	4.35	2.74
均值	7.07	18.60	18.61	28.38	1.98	3.14	4.04	3.74
增长率	1.59	1.59	-2.76	2.38	1.49	-0.10	3.79	-2.42

资料来源:《世界投入产出数据库》。

注:增长率为年平均增长率,采用《世界发展指标》的几何端点法,不考虑中间值,计算公式为 $r = \exp[\ln(P_n/P_1)/n] - 1$。

4.2 "金砖四国"基础设施投资与资本形成:间接效应

4.2.1 模型设定

借鉴张勇和古明明(2011)理论假定,基础设施投资和私人投资均符合新古典投资模型,私人资本(K)是产出(Y)、基础设施资本存量(Infra)和投资价格(C)的函数,[1] 即:

---

[1] 国外资本均以私人投资的形式进入东道国,文中不再单独进行考察。

$$K_t = \alpha_0 + \alpha_1 Y_t + \alpha_2 Infra_t + \alpha_3 C_t + \mu_t \qquad (4-1)$$

其中，μ_t 为误差项。式（4-1）中，私人资本存量（K_t）与产出（Y_t）可能存在双向因果关系。为了消除变量之间逆向因果关系，采用递延产出项（Y_{t-1}），因为当期的私人资本存量（K_t）不可能影响滞后一期的产出水平（Y_{t-1}），式（4-1）可以修订为：

$$K_t = \alpha_0 + \alpha_1 Y_{t-1} + \alpha_2 Infra_t + \alpha_3 C_t + \mu_t \qquad (4-2)$$

因此，本章建立如下形式的回归方程：

$$\ln K_t = \beta_0 + \beta_1 \ln Y_{t-1} + \beta_2 \ln Infra_t + \beta_3 \ln C_t + \varepsilon_t \qquad (4-3)$$

4.2.2　变量选取与数据来源

本章样本选取 1995～2011 年"金砖四国"34 个行业的年度数据。[①] 选择这一时期的样本是因为《世界投入产出表》只公布了这一时期各行业数据。部分年份缺失数据采用两年移动平均计算得出。

关于资本存量（基础设施资本存量和私人资本存量），本章采用永续盘存法计算得出。计算资本存量需要考虑三个因素：初始年份资本存量、历年投资流量和投资的价格指数。[②] 本章以 1995 年为基期，初始年份资本存量选取《世界投入产出表》公布的 1995 年不变价格计算的固定资本存量；投资流量指标选取固定资产形成总额；投资的价格指数选取 1995 年为基期的固定资产投资价格指数。固定资产折旧率，大部分研究采用的方法是估计一个合理的折旧率，对历年资本存量进行扣减，

---

① 农林牧渔业，采掘业，食品、饮料及烟草制造业，皮革及皮制品业，纺织业及其制品业，造纸及纸制品业，石油、炼焦及核燃料加工业，化学原料及化学制品业，橡胶及塑料制品业，非金属矿物制品业，金属冶炼及压延加工业，机械工业，电器机械及器材制造业，交通运输设备制造业，其他制造业，电力、天然气及供水业，建筑业，批发贸易业，零售贸易业，餐饮与住宿业，陆地运输业，水运业，航空业，其他辅助运输业及旅游业，邮电业，金融保险业，房地产业，租赁与商务服务业，公共管理及国防事业，教育业，医疗业，其他服务业（中国和印度没有统计汽车和摩托车销售、维修及修理业，故统一将该行业做删除处理）。

② 张军，吴桂英，张吉鹏. 中国省级物质资本存量估算：1951—2000 [J]. 经济研究，2004（10）：35-44.

本章采用5%的折旧率。①②③

　　现有统计资料并没有直接公布"金砖四国"基础设施投资流量这一指标数据。鉴于数据的可获得性，本章选取将经济基础设施投资的统计范围设定为"电力、天然气及供水""陆地运输""水运""航空""其他辅助运输"和"邮电"等行业的固定资本形成总额；社会基础设施投资选取"教育"和"医疗"等行业的固定资本形成总额。基础设施投资为经济基础设施和社会基础设施投资总和。

　　私人投资流量选取除"电力、天然气及供水""陆地运输""水运""航空""其他辅助运输""邮电""教育"和"医疗"固定资本形成总额之外，其他行业的固定资本形成总额来表示。

　　产出（Y）选取1995年不变价格计算的国内生产总值（GDP）。

　　投资的价格（C）选取固定资产投资价格指数与消费者价格指数之比来表示，基期为1995年。

4.2.3　实证结果与分析

　　为了避免伪回归，需要模型中各变量数据的平稳性进行检验。本章分别采用 LLC、IPS 和 Fisher - ADF 单位根检验方法对各变量的对数及其一阶差分进行单位根检验。经检验，各变量同为一阶平稳序列。且面板 Kao 检验和 Pedroni 检验均表明各变量之间存在协整关系，满足建立经济计量模型的条件。

　　为了考察基础设施投资对私人投资及不同行业投资的挤入挤出效应，本章利用佩德罗尼（Pedroni，2000）的组间 FMOLS 法分别对"金砖四国"的面板协整数据进行估计。估计结果如表 4 - 3 和表 4 - 4 所示。

---

　　①　胡永泰. 中国全要素生产率：来自农业部门劳动力再配置的首要作用 [J]. 经济研究，1998（3）：31 - 39.

　　②　樊纲，王小鲁. 中国经济增长的可持续性—跨世纪的回顾与展望 [M]. 北京：经济科学出版社，2000.

　　③　Wang Y, Yao Y. Sources of China's Economic Growth，1952 - 1999：Incorporating Human Capital Accumulation [J]. China Economic Review，2001，14（1）：32 - 52.

表4-3   "金砖四国"基础设施投资的私人资本形成效应估计结果

解释变量 \ 国家	被解释变量（log(K)）			
	巴西	中国	印度	俄罗斯
log(Infra)	0.574 *** (7.392)	0.534 *** (26.805)	0.239 *** (10.102)	0.080 *** (15.960)
log(Y(-1))	0.299 *** (9.619)	0.265 *** (8.140)	0.002 (1.368)	0.005 *** (2.968)
log(C)	-0.233 *** (-3.843)	0.389 *** (23.746)	0.220 *** (7.109)	-0.114 *** (-3.339)

注：该表估计通过 Eviews 9.0 实现；*、** 和 *** 分别表示 10%、5% 和 1% 的显著性水平；括号内的值为 t 统计值。

表4-4   "金砖四国"基础设施投资对不同产业资本形成的影响

产业名称	国家			
	巴西	中国	印度	俄罗斯
农林牧渔业	0.087	-0.252	0.148	0.015
采掘业	-0.406	-0.033	0.229	0.186
食品、饮料及烟草制造业	0.293	0.577	0.488	0.201
纺织业及其制品业	0.588	0.609	-0.431	-0.181
皮革及皮制品业	0.579	0.519	0.239	0.043
造纸及纸制品业	-0.092	0.711	0.140	0.092
石油、炼焦及核燃料加工业	0.199	0.826	0.055	0.136
焦炭、精炼石油和核燃料	1.373	0.137	0.162	0.224
化学原料及化学制品业	0.634	0.586	0.658	0.012
橡胶及塑料制品业	0.726	0.581	0.415	0.056
非金属矿物制品业	0.651	-0.046	0.315	0.066
金属冶炼及压延加工业	0.406	0.220	0.509	0.126
机械工业	0.807	0.766	1.496	0.005
电器机械及器材制造业	1.104	1.176	0.099	-0.125
交通运输设备制造业	0.971	1.179	0.847	-0.176

续表

产业名称	国家			
	巴西	中国	印度	俄罗斯
其他制造业	0.713	1.467	0.916	0.121
建筑业	0.321	0.413	-0.478	0.196
批发贸易业	0.383	-0.151	0.329	0.089
零售贸易业	0.261	-0.124	0.345	0.286
餐饮与住宿业	-0.429	0.502	-0.012	0.141
金融保险业	2.706	-0.616	-0.655	0.100
房地产业	0.203	0.053	0.317	0.177
租赁与商务服务业	0.756	2.160	-0.638	0.034
公共管理及国防事业	0.502	-0.594	-0.119	0.144
其他服务业	1.027	2.674	0.603	0.021

注：该表结果为面板 FMOLS 估计法的个体系数估计结果，结果由 Eviews 9.0 导出。

从表 4-3 可以看出，基础设施投资的系数为正，且在 1% 水平下显著，表明"金砖四国"的基础设施投资对私人资本形成均具有显著的挤入效应。"金砖四国"基础设施投资对私人资本形成的挤入效应由大到小依次为 0.574（巴西）、0.534（中国）、0.239（印度）和 0.080（俄罗斯）。作为非竞争性公共物品，基础设施与企业生产活动具有紧密的联系，它降低了私人企业的生产成本、提高私人投资的边际产出，从而"挤入"私人投资、促进私人资本形成。董秀良（2006）等认为，基础设施投资不仅可以改善投资环境，降低企业的生产成本，而且可以通过关联产业的辐射效应，形成新的投资机会，这是导致基础设施产生挤入效应的根本原因。

从表 4-4 可以看出，"金砖四国"基础设施投资对不同行业资本形成的挤入挤出效应存在较大差异。具体而言，除采掘业、造纸及纸制品业和餐饮与住宿业外，巴西基础设施投资对其他行业的资本形成均具有促进作用，即"挤入效应"。总体而言，巴西基础设施投资对焦炭、精炼石油和核燃料、电器机械及器材制造、金融保险业、其他服务业的资本形成的促进作用较大，其中，促进效应最大的行业是金融保险业

（2.706）。中国基础设施投资对农林牧渔业、采掘业、非金属矿物制品业、批发贸易业、零售贸易业、金融保险业和公共管理及国防事业等行业资本形成存在挤出效应，对其他行业资本形成具有挤入效应。总体而言，中国基础设施投资对制造业和服务业资本形成的挤入效应较大，例如，电器机械及器材制造业、交通运输设备制造业、其他制造业、租赁与商务服务业和其他服务业的弹性系数估计值均超过了 1，表明基础设施投资每增加 1%，会促进该行业资本形成的增长超过 1%。印度的基础设施投资对纺织业及其制品业、建筑业、餐饮与住宿业、金融保险业、租赁与商务服务业、公共管理及国防事业的资本形成存在挤出效应，对其他行业的资本形成存在挤入效应。印度基础设施投资的挤出效应主要集中在对服务业资本形成的挤出，挤入效应主要集中在对第二产业资本形成的挤入。其中，挤出效应最大的行业是金融保险业（-0.616），挤入效应最大的行业是机械工业（1.496）。除纺织业及其制品业、电器机械及器材制造业和交通运输设备制造业外，俄罗斯基础设施投资对其他行业的资本形成均具有挤入效应，其中，对零售贸易业资本形成（0.286）、焦炭、精炼石油和核燃料资本形成（0.224）以及食品、饮料和烟草制造业资本形成（0.201）的挤入效应相对较高。总体而言，俄罗斯基础设施投资对第二产业和第三产业资本形成的促进作用均相对较高，对第二产业的促进作用主要集中如下行业：采掘业、焦炭、精炼石油和核燃料、石油、炼焦及和燃油加工业和建筑业；对第三产业的促进作用主要集中在如下行业：零售贸易业、餐饮与住宿业、房地产业和公共管理及国防事业。总体而言，"金砖四国"基础设施投资对第三产业资本形成的挤入效应较高，对第一产业资本形成的挤入或挤出效应较小。

本章将分别从能源（包括电力、天然气和供水）、交通（包括陆地运输、水运、航空和其他辅助运输）、通信、教育和卫生五方面来分析不同类型基础设施投资对私人资本形成的影响。基于该部分的研究目的，表 4-5 仅报告了上述五种类型的基础设施弹性，并未列出其他控制变量的弹性。

表 4 - 5   "金砖四国"不同类型基础设施投资对私人资本形成的影响

	被解释变量（log(K)）			
	巴西	中国	印度	俄罗斯
能源	0.547 *** (9.542)	0.509 *** (26.813)	0.276 * (1.696)	0.659 *** (12.535)
交通	0.476 *** (5.968)	0.872 *** (20.933)	0.216 *** (4.838)	0.446 *** (21.371)
通信	0.698 *** (15.409)	0.203 *** (24.324)	0.115 *** (14.613)	0.304 *** (18.537)
教育	− 0.158 ** (− 2.146)	0.376 *** (24.243)	0.320 *** (14.733)	0.251 *** (2.665)
卫生	0.199 ** (2.337)	0.280 *** (28.797)	0.391 *** (4.091)	0.628 *** (8.327)

注：该表估计通过 EViews 7.0 实现；*、** 和 *** 分别表示10%、5%和1%的显著性水平；括号内的值为 t 统计值。

从表 4 - 5 可以看出，除巴西教育基础设施投资外，"金砖四国"其他类型的基础设施投资对私人资本形成均具有显著的促进作用。通过四国的横向比较可知，"金砖四国"不同类型基础设施投资对私人资本形成的挤入效应差异较大。在能源基础设施投资方面，俄罗斯的私人资本形成效应最大（0.659）；在交通基础设施投资方面，中国的私人资本形成效应最大（0.872）；在通信基础设施投资方面，巴西的私人资本形成效应最大（0.698）；在教育基础设施投资方面，中国的私人资本形成效应最大（0.376）；在卫生基础设施投资方面，俄罗斯的私人资本形成效应最大（0.628）。可能原因在于"金砖四国"对不同类别基础设施投资的侧重点不同。从纵向比较可知，巴西通信基础设施投资对私人资本形成的挤入效应最大；中国交通基础设施投资对私人资本形成的挤入效应最大；印度卫生基础设施投资对私人资本形成的挤入效应最大；俄罗斯的能源基础设施投资对私人投资的挤入效应最大。

根据表 4 - 5，可以进一步得到"金砖四国"不同类型的基础设施投资对不同行业资本形成的挤入效应。从表 4 - 6 可以看出，巴西的能

源基础设施投资对化学原料和化学工业制品业的资本形成挤入效应最大
(1.415);交通基础设施和通信基础设施投资均对金融保险业资本形成
的挤入效应最大,弹性系数估计值分别为2.293和2.248;教育基础设
施主要表现为挤出效应,对焦炭、精炼石油和核燃料资本形成的挤出效
应最大(-2.091);卫生基础设施投资对交通运输设备制造业资本形
成的挤入效应最大(1.221)。从表4-7可以看出,中国的能源、交通、
通信、教育和卫生基础设施投资均对其他服务业资本形成的挤入效应最
大,弹性系数估计值分别为2.552、3.885、0.960、1.718和1.502。从
表4-8可以看出,印度的能源、交通、通信、教育和卫生基础设施投
资均对机械工业资本形成的挤入效应最大,弹性系数估计值分别为
1.766、1.622、0.696、2.005和2.762。从表4-9可以看出,俄罗斯
的能源和交通基础设施投资对零售贸易业资本形成的挤入效应最大,弹
性系数估计值分别为2.630和1.820;通信基础设施投资对焦炭、精炼
石油和核燃料资本形成的挤入效应最大(1.163);教育和卫生基础设
施投资均对租赁与商务服务业资本形成的挤入效应最大,弹性系数估计
值分别为2.214和1.560。

表4-6　　巴西不同类型基础设施投资对不同行业资本形成的影响

产业名称	巴西				
	能源	交通	通信	教育	卫生
农林牧渔业	-0.380	-0.093	0.612	-0.498	0.512
采掘业	0.357	-0.648	1.082	-1.397	0.323
食品、饮料及烟草制造业	0.198	0.080	0.695	-0.657	0.873
纺织业及其制品业	0.565	0.530	0.465	0.487	0.366
皮革及皮制品业	0.696	0.599	0.639	-0.394	-0.184
造纸及纸制品业	-0.275	-0.250	0.287	-0.507	0.760
石油、炼焦及核燃料加工业	0.382	0.123	0.783	-0.455	0.265
焦炭、精炼石油和核燃料	0.968	1.118	1.581	-2.091	0.615
化学原料及化学制品业	1.415	0.833	1.023	-1.018	-0.121
橡胶及塑料制品业	0.442	0.583	0.872	-0.921	0.640

续表

产业名称	巴西				
	能源	交通	通信	教育	卫生
非金属矿物制品业	0.800	0.703	0.617	0.367	-0.185
金属冶炼及压延加工业	0.112	0.142	0.875	-0.872	0.575
机械工业	0.699	0.753	0.691	0.836	0.228
电器机械及器材制造业	1.331	1.175	0.864	1.234	-0.246
交通运输设备制造业	0.232	0.598	0.929	-1.317	1.221
其他制造业	0.767	0.700	0.606	0.753	-0.009
建筑业	0.301	0.286	0.259	0.213	0.329
批发贸易业	0.293	0.355	0.255	0.408	0.116
零售贸易业	0.231	0.263	0.146	0.412	0.052
餐饮与住宿业	-0.077	-0.504	-0.235	-0.702	0.762
金融保险业	2.834	2.293	2.248	0.824	-3.922
房地产业	-0.058	0.207	0.116	-0.197	0.211
租赁与商务服务业	0.791	0.640	0.738	0.520	0.976
公共管理及国防事业	0.371	0.464	0.391	0.560	0.391
其他服务业	0.686	0.946	0.909	0.470	0.443

表 4-7　中国不同类型基础设施投资对不同行业资本形成的影响

产业名称	能源	交通	通信	教育	卫生
农林牧渔业	-0.245	-0.357	-0.126	-0.224	-0.145
采掘业	-0.031	-0.056	-0.013	-0.025	-0.016
食品、饮料及烟草制造业	0.551	0.985	0.220	0.425	0.285
纺织业及其制品业	0.579	1.089	0.216	0.421	0.293
皮革及皮制品业	0.496	0.904	0.212	0.398	0.262
造纸及纸制品业	0.680	1.214	0.288	0.539	0.362
石油、炼焦及核燃料加工业	0.787	1.499	0.340	0.658	0.397
焦炭、精炼石油和核燃料	0.131	0.213	0.061	0.112	0.074
化学原料及化学制品业	0.564	0.886	0.269	0.487	0.323

产业名称	能源	交通	通信	教育	卫生
橡胶及塑料制品业	0.573	0.609	0.282	0.524	0.383
非金属矿物制品业	-0.044	-0.078	-0.018	-0.034	-0.023
金属冶炼及压延加工业	0.215	0.296	0.120	0.198	0.136
机械工业	0.729	1.396	0.285	0.533	0.381
电器机械及器材制造业	1.118	2.138	0.426	0.775	0.593
交通运输设备制造业	1.123	2.120	0.434	0.810	0.588
其他制造业	1.403	2.502	0.562	1.066	0.729
建筑业	0.395	0.693	0.168	0.318	0.212
批发贸易业	-0.145	-0.240	-0.069	-0.126	-0.081
零售贸易业	-0.119	-0.196	-0.057	-0.104	-0.067
餐饮与住宿业	0.480	0.834	0.207	0.384	0.264
金融保险业	-0.593	-0.927	-0.261	-0.492	-0.330
房地产业	0.048	0.139	0.001	0.011	0.017
租赁与商务服务业	2.062	3.128	0.779	1.398	1.212
公共管理及国防事业	-0.576	-0.867	-0.224	-0.356	-0.339
其他服务业	2.552	3.885	0.960	1.718	1.502

表4-8　　印度不同类型基础设施投资对不同行业资本形成的影响

产业名称	印度				
	能源	交通	通信	教育	卫生
农林牧渔业	0.163	0.141	0.076	0.211	0.451
采掘业	0.252	0.189	0.109	0.290	0.267
食品、饮料及烟草制造业	0.552	0.513	0.221	0.611	0.591
纺织业及其制品业	-0.598	-0.375	-0.145	-0.425	0.176
皮革及皮制品业	0.237	-0.155	0.141	0.446	1.177
造纸及纸制品业	0.169	0.199	0.063	0.173	0.436
石油、焦炭及核燃料加工业	0.053	-0.154	0.029	0.094	0.466
焦炭、精炼石油和核燃料	0.187	0.234	0.062	0.152	-0.072

产业名称	印度				
	能源	交通	通信	教育	卫生
化学原料及化学制品业	0.739	0.656	0.329	0.899	0.916
橡胶及塑料制品业	0.478	0.435	0.196	0.539	− 0.296
非金属矿物制品业	0.380	0.396	0.132	0.359	− 0.137
金属冶炼及压延加工业	0.594	0.558	0.242	0.670	1.282
机械工业	1.766	1.622	0.696	2.005	2.762
电器机械及器材制造业	0.069	− 0.031	0.120	0.331	0.027
交通运输设备制造业	0.943	− 0.096	0.402	1.279	0.809
其他制造业	1.169	1.354	0.368	1.021	1.501
建筑业	− 0.563	− 0.545	− 0.222	− 0.619	0.935
批发贸易业	0.362	0.318	0.185	0.492	− 0.759
零售贸易业	0.384	0.356	0.184	0.495	− 1.219
餐饮与住宿业	0.014	0.004	− 0.034	− 0.093	0.297
金融保险业	− 0.709	− 0.626	− 0.369	− 0.979	2.282
房地产业	0.355	0.310	0.158	0.438	− 1.081
租赁与商务服务业	− 0.604	− 0.288	− 0.330	− 1.117	0.504
公共管理及国防事业	− 0.142	− 0.161	− 0.054	− 0.147	− 0.015
其他服务业	0.653	0.556	0.325	0.888	− 1.518

表 4 - 9   俄罗斯不同类型基础设施投资对不同行业资本形成的影响

产业名称	俄罗斯				
	能源	交通	通信	教育	卫生
农林牧渔业	0.183	0.231	0.093	0.213	0.309
采掘业	1.115	0.868	0.676	0.906	0.683
食品、饮料及烟草制造业	0.639	0.549	0.543	0.122	0.487
纺织业及其制品业	− 0.444	− 0.448	− 0.336	0.714	0.061
皮革及皮制品业	0.108	0.317	0.298	0.346	0.499
造纸及纸制品业	0.884	0.615	0.366	− 0.187	0.729

续表

产业名称	俄罗斯				
	能源	交通	通信	教育	卫生
石油、炼焦及核燃料加工业	0.901	0.625	0.390	-0.390	0.533
焦炭、精炼石油和核燃料	1.453	1.167	1.163	1.592	0.987
化学原料及化学制品业	0.260	0.144	0.062	0.419	0.466
橡胶及塑料制品业	1.349	0.599	0.225	0.403	1.062
非金属矿物制品业	0.947	0.542	0.279	0.500	1.034
金属冶炼及压延加工业	0.972	0.768	0.488	0.130	0.991
机械工业	0.053	0.130	0.071	0.161	0.748
电器机械及器材制造业	-0.767	-0.483	-0.287	0.326	-0.360
交通运输设备制造业	-0.775	-0.481	-0.343	0.861	0.373
其他制造业	0.817	0.661	0.523	0.608	1.152
建筑业	0.563	0.585	0.391	-0.296	0.351
批发贸易业	0.714	0.573	0.356	-0.370	0.107
零售贸易业	2.630	1.820	1.039	-1.990	1.187
餐饮与住宿业	0.647	0.447	0.265	-0.170	0.454
金融保险业	0.759	0.409	0.231	0.433	0.797
房地产业	1.839	0.937	0.525	-1.571	0.513
租赁与商务服务业	0.668	0.458	0.202	2.214	1.560
公共管理及国防事业	0.705	0.464	0.319	0.693	0.511
其他服务业	0.249	0.164	0.066	0.627	0.518

4.3 小　　结

本章比较分析了"金砖四国"基础设施投资对资本形成的直接影响和对私人资本形成的间接影响。通过统计数据对比发现：2000～2011年"金砖四国"基础设施投资的直接资本形成效应由大到小的国家依次为俄罗斯、印度、中国和巴西。通过比较经济基础设施投资的资本形成效应与社会基础设施投资的资本形成效应可知，2000～2011 年，"金砖四国"的经济基础设施资本形成效应远大于社会基础设施资本形成效应。具体而言，"金砖四国"经济基础设施投资对资本形成的直接效应由大到小的国家依次为俄罗斯、印度、中国和巴西；社会基础设施投资对资本形成的直接效应由大到小的国家依次为印度、俄罗斯、中国和巴西。

通过面板数据的组间 FMOLS 估计法，对"金砖四国"基础设施投资对私人资本形成的影响进行了详细的实证研究，得出如下结论：

（1）"金砖四国"的基础设施投资对其国内私人资本形成均具有显著的挤入效应，可能原因是，基础设施投资不仅可以改善投资环境，降低企业的生产成本，而且可以通过关联产业的辐射效应，形成新的投资机会，促进私人资本形成。2000～2011 年，"金砖四国"基础设施投资对私人资本形成的挤入效应由大到小依次为 0.574（巴西）、0.534（中国）、0.239（印度）和 0.080（俄罗斯）。

（2）"金砖四国"基础设施投资对不同行业资本形成的挤入效应存在较大差异，挤入效应最大的行业分别是巴西金融保险业、中国的其他服务业、印度的机械工业和俄罗斯的零售贸易业。总体而言，"金砖四国"基础设施投资对第三产业资本形成的挤入效应较高，对第一产业资本形成的挤入或挤出效应较小。

（3）"金砖四国"不同类型的基础设施投资对私人资本形成的影响不同。除巴西教育基础设施投资外，其他类型的基础设施投资对私人资本形成均具有显著的促进作用。从横向比较可知，在能源基础设施投资方面，俄罗斯的私人资本形成效应最大；在交通基础设施投资方面，中国的私人资本形成效应最大；在通信基础设施投资方面，巴西的私人资本形成效应最大；在教育基础设施投资方面，中国的私人资本形成效应最大；在卫生基础设施投资方面，俄罗斯的私人资本形成效应最大。可能原因在于"金砖四国"对不同类别的基础设施投资的侧重点不同。从纵向比较可知，巴西通信基础设施投资对私人资本形成的挤入效应最大；中国交通基础设施投资对私人资本形成的挤入效应最大；印度卫生基础设施投资对私人资本形成的挤入效应最大；俄罗斯的能源基础设施投资对私人投资的挤入效应最大。

（4）"金砖四国"不同类型的基础设施投资对不同行业资本形成的挤入效应差异较大。巴西的能源基础设施投资对化学原料和化学工业制品业的资本形成挤入效应最大；交通基础设施和通信基础设施投资均对金融保险业资本形成的挤入效应最大；教育基础设施投资对焦炭、精炼石油和核燃料资本形成的挤出效应最大；卫生基础设施投资对交通运输设备制造业资本形成的挤入效应最大。中国的能源、交通、通信、教育和卫生基础设施投资均对其他服务业资本形成的挤入效应最大。印度的能源、交通、通信、教育和卫生基础设施投资均对机械工业资本形成的挤入效应最大。俄罗斯的能源和交通基础设施投资对零售贸易业资本形成的挤入效应最大；通信基础设施投资对焦炭、精炼石油和核燃料资本形成的挤入效应最大；教育和卫生基础设施投资均对租赁与商务服务业资本形成的挤入效应最大。

第 5 章

"金砖四国"基础设施投资的
经济增长效应[①]

　　长期以来，经济增长的动因、内在机制以及实现途径一直是经济学界关注的重要课题。以罗默（Romer，1986）、卢卡斯（Lucas，1988）和巴伦（Barro，1990）为代表的内生增长理论支持了基础设施投资对经济增长有重要促进作用的结论。但基础设施投资对经济增长的贡献度有多大，学术界一直存在争议，鲜有文献对"金砖四国"基础设施投资的经济增长效应进行实证研究。本章对"金砖四国"基础设施投资的经济增长效应进行了实证检验，并比较了"金砖四国"基础设施投资对经济增长的贡献度。

5.1 基础设施投资与经济增长的相关性检验

　　该部分将分别计算"金砖四国"的不同类型的基础设施（包括能源基础设施、通信基础设施、交通基础设施、教育基础设施、医疗卫生基础设施）、经济基础设施、社会基础设施及综合基础设施指标与人均国民收入之间的相关系数。"金砖四国"人均国民收入为 2005 年不变美元价格计算的人均国内生产总值，数据来源于世界银行发展指标。基础设施投资指数及方面指数通过基础设施实物形态的投资存量数据计算得

---

① 本章中部分内容已发表在《新兴经济体研究》2015 年第 8 期。

出。基础设施投资存量衡量指标体系如第3章中表3-3所示。

首先,本章运用 SPSS 19.0 进行基于相关性矩阵主成分分析,计算出 2000~2013 年"金砖四国"基础设施投资存量指数及方面指数,对于部分年份缺失数据,采用移动平均进行拟合。其次,本章采用 SPSS 19.0 相关性分析对不同类型的基础设施投资存量与人均国民收入的相关性进行了检验,结果如表5-1所示。

表 5-1　　　　各类基础设施投资与人均国民收入的相关系数

	巴西	中国	印度	俄罗斯
能源基础设施	0.967	0.990	0.997	0.963
通信基础设施	0.949	0.991	0.982	0.946
交通基础设施	0.630	0.995	0.973	0.842
教育基础设施	0.813	0.990	0.536	0.644
医疗卫生设施	0.947	0.881	0.553	-0.126
经济基础设施	0.934	0.995	0.907	0.689
社会基础设施	0.854	0.875	0.859	-0.151
综合基础设施	0.952	0.795	0.808	0.880

注：结果由 SPSS 19.0 输出。

根据表5-1,可以得到如下结论。

第一,除俄罗斯的医疗卫生基础设施投资和社会基础设施投资外,其他所有的基础设施投资指标都与地区的经济增长存在较强的相关关系。"金砖四国"的综合基础设施投资水平与经济增长均具有显著的正相关关系。

第二,"金砖四国"的经济基础设施投资与人均国民收入的相关系数要高于社会基础设施投资与人均国民收入的相关系数,说明经济基础设施投资在经济发展中所起的作用超过了社会基础设施投资。

第三,经济基础设施投资与人均国民收入之间表现出较高的相关关系,除俄罗斯外,其他三个国家的相关系数均超过了 0.900。在经济基础设施中,巴西的能源基础设施投资与人均国民收入的相关系数最高,其次是通讯基础设施投资,说明能源与通信基础设施投资在巴西经济增长中起了重要作用。中国交通基础设施投资与人均国民收入的相关系数最高,其次是通信基础设施投资,均超过了 0.990,表明中国的交通和通信基础设施投资对经济增长起了重要促进作用。印度的能源、通信和交通基础设施投资与人均国民收入高度相关,相关系数均超过了0.990。俄罗斯是能源大国,其能源基础设施与人均国民收入之间的相关系数最大,其次依次为通信和交通基础设施投资。

第四,社会基础设施投资对经济发展也起着非常重要的作用,但不同国家社会基础设施投资与人均国民收入的相关性差别较大不同。在社会基础设施中,巴西的医疗卫生基础设施投资的相关系数最高,达到了0.947。中国的教育基础设施投资与经济的相关性最强,说明中国的教育对其经济发展起了非常重要的作用。印度的教育和医疗卫生基础设施的相关系数比较接近,但相关性相对较小,主要原因是其国内较低的教育和医疗水平。俄罗斯的医疗卫生基础设施与经济的相关系数不显著,因为俄罗斯的医疗卫生基础设施水平相对较高,基本达到饱和状态,近年来,医疗基础设施水平呈下降的趋势,因而其医疗卫生基础设施对经济的影响相对比较小。

5.2 基础设施投资对经济增长作用的实证分析

5.2.1 模型设定

将基础设施从资本存量中分离出来,构造如下生产函数:

$$Y_t = A_t f(K_t, L_t, G_t) \qquad (5-1)$$

其中,A 为全要素生产率;K 为资本存量(不包括基础设施存量);L 劳动力;G 为基础设施投资。假设生产函数形式为柯布—道格拉斯生产函数。于是,生产函数具有如下形式:

$$Y_t = A_t K_t^{\alpha} L_t^{\beta} G_t^{\gamma} \qquad (5-2)$$

A_t 为研究与开发支出和外国直接投资的函数,[①] 假设其函数形式也为柯布－道格拉斯形式:

$$A(x_t) = A_0 e^{\lambda_t} FDI_t^{\omega} (R\&D)_t^{1-\omega} \qquad (5-3)$$

其中,A_0 为初始的全要素生产率水平,λ 为外生的技术变迁,FDI_t 为外国直接投资,$(R\&D)_t$ 为研究与开发支出,$0 < \omega < 1$。根据式(5-3),式(5-2)可以进一步改写为:

$$Y_t = A_0 e^{\lambda_t} K_t^{\alpha} L_t^{\beta} G_t^{\gamma} FDI_t^{\omega} (R\&D)_t^{1-\omega} \qquad (5-4)$$

对式(5-4)两边同时取对数,并将初始的全要素生产率 A_0 和外生技术变迁 λ 归于常数项和随机误差项 μ_t,得到如下回归模型:

$$\log Y_t = c + \alpha_1 \log K_t + \alpha_2 \log L_t + \alpha_3 \log G_t + \alpha_4 \log FDI_t + \alpha_5 \log(R\&D)_t + \mu_t$$
$$(5-5)$$

5.2.2　数据来源与指标选取

本章采用面板数据回归方法考察基础设施投资与经济增长的关系。样本选取的是"金砖四国"2000～2013年的面板数据。相关基础数据来源于世界银行发展数据库和世界银行发展指标,部分年份缺失数据采用移动平均法补充。各指标的选取、处理及计算如下:

产出（Y）。选用2005年不变价格GDP来衡量。

物质资本存量（K）（不包括基础设施存量）,采用永续盘存法计算得出。计算物质资本存量需要考虑三个因素:初始年份资本存量、历年投资流量、固定资产价格指数。俄罗斯于1992年独立,故选取该年为基期。初期资本存量的估算采用贝哈鲍比和马克（Benhabib and Mark,2000）所使用的方法进行测算,即 $K_0 = I_0 / (g_{0-t} + \delta)$,其中,$I_0$ 为基期的固定资本形成总额,g_{0-t} 为从基期到第 t 期实际GDP的年均增长率。投资流量指标选取2005年不变价格固定资产形成总额,不包括基础设施投资流量。考虑到数据的可获得性,固定资产价格指数选取GDP平减指数。固定资产折旧率,大部分研究采用的方法是估计一个合理的折

[①] 冼国明,徐清. 劳动力市场扭曲是促进还是抑制了FDI的流入［J］. 世界经济,2013（9）: 25－48.

旧率,对历年资本存量进行扣减,本章采用5%的折旧率①。

劳动力(L)。国外文献通常选取工作时间,但官方统计年鉴没有提供该数据,本文选取历年年底总就业人数来衡量。

基础设施投资(G)。分别选取基础设施投资流量(SF)和基础设施投资存量(CF)来衡量。基础设施投资流量(SF)为政府基础设施投资和私人基础设施投资总和。基础设施存量(CF)选取实物形态的基础设施存量来衡量,基础设施投资存量的基础指标单位不同,无法进行简单加总,故分别从能源基础设施投资存量(SO)、交通基础设施投资存量(TR)、通信基础设施投资存量(IN)、教育基础设施存量(ED)和卫生环境基础设施存量(EN)来考察。能源、交通、通信基础设施直接参与企业的生产经营过程,直接对经济增长产生影响,故将其称为经济基础设施;教育和卫生环境基础设施能够间接地提高投资效率,故将其称为社会基础设施。在检验能源基础设施对经济增长的影响时,已有的文献通常采用原煤、原油的生产量和发电量来衡量,② 本文参考刘龙生和胡鞍钢(2010)的方法,选取人均能源使用量来衡量能源基础设施;交通基础设施选取铁路运营里程、公路运营里程和管道运输里程加总值来衡量;通信基础设施选取使用电话、手机和宽带普及率之和来衡量;教育基础设施选取小学生、中学生和大学生入学率的加权平均数来衡量,小学生、中学生和大学生入学率的权重分别为1:2:3;③ 卫生环境设施选取卫生设施普及率来衡量。

外国直接投资(FDI)。选取按 2005 年不变价格计算的外国直接投资流入量来衡量。

研究与开发支出(R&D)。选取按 2005 年不变价格计算的研究与开发支出总额来衡量。

各变量的描述统计如表 5 - 2 所示。

---

① 范祚军,常雅丽,黄立群. 国际视野下最优储蓄率及其影响因素测度——基于索洛经济增长模型的研究 [J]. 经济研究,2014(9):20 - 33.

② Demurger, S.. Infrastructure and Economic Growth:An Explanation for Regional Disparities in China? [J]. Comparative Economics,2001,29(1):95 - 117.

③ UNCTAD. World Investment Report 2005:Transnational Corporations and the Internationalization of R&D [M]. New York:United Nations Publication,2005:113.

表5-2 变量的描述性统计

变量	观测个数	均值	方差	最小值	最大值
Y（美元）	56	1.41E+12	1.05E+12	5.67E+11	4.91E+12
K（美元）	56	3.55E+12	2.99E+12	1.21E+12	1.46E+13
L（人）	56	3.47E+08	2.86E+08	7.15E+07	7.93E+08
SF（美元）	56	1978.80	3142.91	52.12	14231.46
SO（万吨标准油）	56	1995.70	1652.37	438.42	5474.91
TR（万公里）	56	155.90	123.04	25.88	456.10
IN（每千人）	56	962.73	712.62	34.92	2837.90
ED（%）	56	62.97	15.78	36.17	88.11
EN（%）	56	59.50	18.67	25.50	83.04
FDI（美元）	56	4.51E+10	4.83E+10	4.53E+09	1.87E+11
R&D（美元）	56	1.84E+10	2.17E+10	4.48E+09	1.05E+11

5.2.3 模型估计结果

采用面板固定效应估计方法，回归结果如表5-3所示。

表5-3 模型结果估计

	被解释变量（logY）			
	模型1	模型2	模型3	模型4
logK	0.440 *** （7.440）	0.128 *** （2.120）	0.249 *** （2.310）	0.26 *** （2.140）
logL	-0.088 （-0.600）	-0.254 （-1.440）	-0.356 * （-1.820）	-0.230 （-1.370）
logSF	0.108 *** （7.060）			
logSO		0.333 *** （2.590）	0.293 ** （2.240）	0273 ** （2.130）

续表

	被解释变量（logY）			
	模型 1	模型 2	模型 3	模型 4
logTR		0.067 * （1.840）	0.063 * （1.750）	0.063 * （1.770）
logIN		0.110 *** （6.510）	0.117 *** （6.210）	
logED			−0.168 （−0.880）	
（logED）×（logIN）				0.025 *** （6.640）
logEN			−0.183 （−0.780）	−0.168 （0.790）
logFDI	0.041 *** （3.030）	0.156 （1.120）	0.165 （1.160）	0.021 （1.560）
logR&D	0.097 * （1.750）	0.226 *** （3.560）	0.232 *** （3.490）	0.185 *** （2.980）
常数项	12.907 *** （7.440）	19.922 *** （5.430）	19.928 *** （5.060）	18.646 *** （5.110）
样本	56	56	56	56
个体固定	是	是	是	是
Hausman 值	201.200 ***	28.770 ***	15.0 ***	13.64 *
Wald 值	7296.200 ***	14131.780 ***	17605.28 ***	18246.58 ***
within R^2	0.989	0.992	0.992	0.992

注：表中结果由 Stata 13.0 输出；*** 、** 和 * 分别表示 1%、5% 和 10% 的显著性水平；（）内的值为 t 统计值。

从表 5-3 可以看出，模型 1 主要考察"金砖四国"基础设施投资对经济增长的影响。回归结果表明，"金砖四国"基础设施投资与经济增长存在显著的正相关关系，其弹性为 0.106。模型 2 考察"金砖四国"经济基础设施对经济增长的影响。回归结果表明，经济基础设施

（能源、交通和通信）对经济增长存在正向溢出效应。能源、交通和通信被认为是一种投资要素，加大对其投资能促进资本形成，对经济增长具有直接拉动作用。能源基础设施是一国工业发展的基础，对经济的发展起着重要的支撑作用。交通基础设施可以降低企业运输成本、促进劳动力流动和加快知识外溢等，对经济发展起着重要推动作用。通信基础设施能够减少市场信息不对称问题、提高企业和家庭的决策质量、减少企业生产成本和加强技术扩散与创新，因而对经济增长具有显著的溢出效应。[①]模型3引入了社会基础设施，即教育基础设施和卫生环境设施。回归结果表明，教育基础设施和卫生环境设施对经济增长的影响并不显著。但从模型4中可以看出，当引入教育基础设施与通讯基础设施的交叉项后，该系数统计显著，说明教育基础设施通过通讯基础设施的传导对经济增长间接地产生影响。环境卫生设施和 FDI 均能通过通讯基础设施对经济增长产生影响，基于本章研究目的，表 5-3 不再重复报告该部分回归结果。总之，经济基础设施溢出效应高于社会基础设施的溢出效应，社会基础设施需要通过经济基础设施的传导间接地影响经济增长。

5.3 基础设施投资对经济增长贡献率的测算与分析

5.3.1 贡献率的测算方法

假设模型回归的最终结果为：

$$\log \hat{Y}_{it} = \hat{\beta}_0 + \hat{\beta}_1 X_{1it} + \hat{\beta}_1 X_{2it} + \hat{\beta}_3 X_{3it} + \cdots + \hat{\beta}_k X_{kit} \qquad (5-6)$$

其中，k 为变量的个数，i 为地区，t 为时间。对式（5-6）进行全

---

① 郑世林，周黎安，何维达. 电信基础设与中国经济增长 [J]. 经济研究，2014（5）：77-90.

微分处理得到：

$$d\log\hat{Y}_{it} = \hat{\beta}_1 dX_{1it} + \hat{\beta}_1 dX_{2it} + \hat{\beta}_3 dX_{3it} + \cdots + \hat{\beta}_k dX_{kit} \qquad (5-7)$$

记 $y_{it} = \dfrac{\Delta\hat{Y}_{it}}{\hat{Y}_{it}}$，$x_{kit} = \dfrac{\Delta X_{kit}}{X_{kit}}$ 和 $r_{kit} = \dfrac{\hat{\beta}_{ki}x_{kit}}{y_{it}}$，根据式（5-7）有

$$1 = \hat{\beta}_1 x_{1it}/y_{it} + \hat{\beta}_1 x_{2it}/y_{it} + \hat{\beta}_3 x_{3it}/y_{it} + \cdots + \hat{\beta}_k x_{kit}/y_{it} = r_{1it} + r_{2it} + r_{3it} + \cdots + r_{kit}$$

$$(5-8)$$

式（5-8）中系数 $\hat{\beta}_k$ 反映的是变量 Y 对第 k 个因素（X_k）变动的敏感程度，y_{it} 为地区 i 在 t 时期的变动率，x_{kit} 为地区 i 的因素 k 在 t 时期的变动率。如果 $\hat{\beta}_k \geqslant 0$（k = 1，2，3…），则 r_{kit} 即为因素 k 对被解释变量 Y 变动的贡献率，反映该因素在影响 Y 的各种因素中的相对重要程度。基于式（5-6）中的系数 $\hat{\beta}_k$ 可能为负数，特将各因素变化量的绝对值之和记为 r_{it}，以便测量各因素的贡献率，则有：

$$r_{it} = |\hat{\beta}_1 x_{1it}| + |\hat{\beta}_2 x_{2it}| + |\hat{\beta}_3 x_{3it}| + \cdots + |\hat{\beta}_k x_{kit}| \qquad (5-9)$$

记 $\varsigma_{kit} = |\hat{\beta}_k x_{kit}|/r_{it}$，则有：

$$1 = \varsigma_{1it} + \varsigma_{2it} + \varsigma_{3it} + \cdots + \varsigma_{kit} \qquad (5-10)$$

因此，ς_k 即为因素 X_k 对 Y 的贡献率。

5.3.2　贡献率测算结果与分析

基于表5-3中模型4的回归结果，"金砖四国"基础设施投资对经济增长的贡献率如表5-4所示。

表5-4　　　　　基础设施投资对经济增长的贡献度　　　　单位：%

	被解释变量（logY）			
	巴西	中国	印度	俄罗斯
logK	12.428	19.039	10.788	1.748
logL	5.202	0.479	0.875	0.561
logSO	7.821	9.785	2.734	3.641
logTR	0.385	2.093	1.166	2.680
logIN	50.876	17.512	59.601	49.000

	被解释变量（logY）			
	巴西	中国	印度	俄罗斯
logED	1.882	2.300	1.743	1.528
logEN	1.609	1.880	1.634	0.002
logFDI	0.747	10.707	13.284	31.985
logR&D	19.590	36.205	8.171	8.888
累计增长	100	100	100	100

从表5-4可知，"金砖四国"基础设施投资对经济增长的贡献度由大到小依次为66.878%（印度）、62.573%（巴西）、56.851%（俄罗斯）和33.570%（中国）（由上表数据计算所得）。总体而言，不同类型的基础设施对"金砖四国"经济增长的贡献由大到小依次为通信基础设施、能源基础设施、教育基础设施、交通基础设施和卫生环境基础设施。在"金砖四国"中，通信基础设施对经济增长的贡献度均排在首位，但差距较大，由大到小依次为59.601%（印度）、50.876%（巴西）、49.000%（俄罗斯）和17.512%（中国）。交通基础设施对经济增长的贡献率较小，可能的原因是交通基础设施投资规模大、建设周期长，特别是2000年以后，"金砖四国"铁路运营和管道运输里程增长缓慢，导致其对经济增长的拉动作用较低。

5.4　小　　结

通过上述分析，得到如下三点结论：

一是"金砖四国"的综合基础设施投资水平与人均国民收入具有较强的正相关关系。"金砖四国"的经济基础设施与人均国民收入的相关系数要高于社会基础设施与人均国民收入的相关系数，表明经济基础设施在经济发展中所起的作用超过了社会基础设施。社会基础设施对经济发展也起到了一定的作用,但不同国家社会基础设施投资与人均国民收入的相关性差异较大。

二是"金砖四国"基础设施投资对经济增长存在显著的正效应。经济基础设施投资对经济增长的溢出效应高于社会基础设施的溢出效应,且后者通过前者的传导间接地促进经济增长。

三是"金砖四国"基础设施投资对经济增长的贡献率差别较大,其贡献度由大到小依次为 66.878% (印度)、62.573% (巴西)、56.851% (俄罗斯) 和 33.570% (中国)。不同类型的基础设施对"金砖四国"经济增长的贡献由大到小依次为通信基础设施(且差距较大)、能源基础设施、教育基础设施、交通基础设施和卫生环境基础设施。

第6章

"金砖四国"基础设施投资的
技术溢出效应

基础设施主要通过两种途径来影响经济增长：一种，基础设施既可以作为直接投入要素进入生产函数提高产出；另一种，基础设施尤其是经济基础设施既能通过规模效应和网络效应提高企业技术水平来间接地影响经济活动，又能通过引发落后地区经济的溢出效应来促进经济增长。

6.1 技术溢出的测算

本章中技术溢出的变动程度采用全要素生产率来反映。现有文献对全要素生产率的估算方法比较多，比如索洛残差法、马姆奎斯特（Malmquist）指数法、隐性变量法、随机前沿生产函数法等。[①] 本文采用马姆奎斯特指数法计算"金砖四国"的全要素生产率。斯坦·马姆奎斯特最早提出马姆奎斯特指数。马姆奎斯特（Malmquist，1953）指数法的优点在于不需要对生产函数形式做先验假定、不需要对参数进行估计、允许无效率行为以及能对全要素生产率进行分解。[②]

[①] 郭庆旺，贾俊雪. 中国全要素生产率的估算：1979—2004 [J]. 经济研究，2005 (6)：51-60.

[②] 章祥荪，贵斌威. 中国全要素生产率分析：Malmquist 指数法评述与应用 [J]. 数量经济技术经济研究，2008 (6)：112-121.

假设存在 k 个决策单元，每个决策单元在 t 时期使用 n 种投入 x_{nk}^t，得到 m 种产出 y_{mk}^y，规模收益不变的生产可能集 S^t 为：

$$S^t = \left\{ (x^t, y^t) : \sum_{k=1}^{K} \nu_k y_k^t \geq y^t, \ \sum_{k=1}^{K} \nu_k x_{nk}^t \leq x_n^t, \ \nu_k \geq 0, \ k = 1, \cdots, 4 \right\}$$

$$(6-1)$$

给定了一个前沿技术 S^t，其距离函数定义为：

$$
\begin{aligned}
D_0^t(x^{k',t}, y^{k',t}) &= \min\left\{ \theta : \left(x^{k',t}, \frac{y^{k',t}}{\theta} \right) \in S^t \right\} \\
&= \left[\max\left\{ \theta : (x^{k',t}, \theta y^{k',t}) \in S^t \right\} \right]^{-1} \\
&= \left[F_0^t(x^{k',t}, y^{k',t}) \right]^{-1}
\end{aligned}
$$

$$(6-2)$$

生产率的马姆奎斯特指数定义为：

$$M_0(k', t, t+1) = \left[\frac{D_0^t(x^{k',t+1}, y^{k',t+1})}{D_0^t(x^{k',t}, y^{k',t})} \frac{D_0^{t+1}(x^{k',t+1}, y^{k',t+1})}{D_0^{t+1}(x^{k',t}, y^{k',t})} \right]^{1/2}$$

$$(6-3)$$

根据式（6-3），对"金砖四国" 2000～2013 年的面板数据进行分析，得到金砖国家全要素增长率指数。基础数据来源于《国际统计年鉴》和世界银行发展指标，具体指标选取与数据处理如下：

采用 2005 年不变价格表示"金砖四国"的国内生产总值，并作为产出指标，以各国就业人员作为劳动力投入指标，固定资本存量作为资本投入指标。官方数据库并没有给出资本存量的统计值，因此，对其进行估算需要考虑两个问题：初始年份资本存量和当期资本存量。俄罗斯于 1992 年独立，故以 1992 年为基期。基期资本存量的估算采用如下公式，$K_0 = I_0 / (g_{0-t} + \delta)$，其中，$I_0$ 为基期的固定资本形成总额，g_{0-t} 为从基期到第 t 期实际 GDP 的年均增长率，δ 为 5% 的折旧率。当期基本存量采用永续盘存法计算得出，其公式为 $K_t = I_t + K_{t-1}(1-\delta)$，其中 K_t 为第 t 年的固定资本存量，I_t 为第 t 年的投资，δ 为 5% 的折旧率。

"金砖四国"全要素生产率指数如表 6-1 所示。从横向比较来看，2000～2013 年，"金砖国家"全要素生产率年均增长幅度由大到小依次为俄罗斯（4.200%）、中国（3.400%）、印度（2.000%）和巴西（1.300%）。从纵向比较来看，巴西 TFP 增长最快的年份是 2007 年（3.700%），TFP 下降最快的年份是 2009 年（-2.900%）；中国 TFP

增长最快的年份是 2007 年（7.400%），其增长率最小的年份是 2012 年（1.400%）；印度 TFP 增长最快的年份是 2010 年（5.200%），TFP 下降最快的年份是 2008 年（-1.000%）；俄罗斯 TFP 增长最快和下降最快的年份分别为 2000 年（10.800%）和 2009 年（-8.500%）。

表 6-1　　　　2000~2013 年"金砖四国"全要素生产率指数

年份	巴西	中国	印度	俄罗斯
2000	1.019	1.020	0.996	1.108
2001	0.990	1.022	0.991	1.068
2002	1.001	1.028	1.028	1.047
2003	0.991	1.033	1.020	1.066
2004	1.029	1.035	1.028	1.067
2005	1.004	1.047	1.028	1.058
2006	1.091	1.060	1.038	1.073
2007	1.037	1.074	1.04	1.064
2008	1.019	1.034	0.990	1.034
2009	0.971	1.023	1.034	0.915
2010	1.041	1.039	1.052	1.037
2011	1.007	1.026	1.012	1.027
2012	0.988	1.014	1.005	1.020
2013	0.997	1.015	1.018	1.000
均值	1.013	1.034	1.020	1.042

注：结果由 DEAP 2.1 输出。

6.2　空间计量模型及适用性检验

6.2.1　空间计量模型

空间计量模型主要包括两类：一类是空间误差模型（SEM），另一类是空间自回归模型（SAR）。前者适用于模型的误差项在空间上相关，后者适用于当模型的变量间的空间依赖性对模型非常重要而导致的空间相关。

SEM 模型可以表示为：

$$Y_{it} = \alpha_0 + \sum_{j=1}^{n} \alpha_j X_{itj} + \varepsilon_{it}$$

$$\varepsilon_{it} = \lambda W \varepsilon_{it} + \mu_{it} \quad \mu_{it} \sim N(0, \sigma^2 I) \tag{6-4}$$

SAR 模型可以表示为：

$$Y_{it} = \alpha_0 + \rho W Y_{it} + \sum_{j=1}^{n} \alpha_j X_{itj} + \varepsilon_{it}$$

$$\varepsilon_{it} \sim N(0, \sigma^2 I) \tag{6-5}$$

其中，Y 为因变量，X 为解释变量，i 为国家，t 为时间；ε 和 μ 为正态分布的随机误差项；W 为空间权重矩阵。

由于空间自相关的存在，采用传统的最小二乘法估计 SEM 模型，其结果虽然是无偏的，但不是有效的；用该方法估计 SAR 模型，估计结果既是有偏的，也是不一致的。为此，埃洛斯特（Elhorst, 2005）提出了空间面板模型的极大似然估计法来判断模型的适宜性。极大似然估计法的判断原理是，对数似然函数值的绝对值越大，该模型越适合为实证分析所用。

在空间模型下，X_j 对 Y 的偏效应除了体现在系数 α_j 上，还体现在空间外部性上，并且这种外部性随着地圈层的外扩而逐渐减弱，根据式（6-4）和式（6-5），构建空间偏效应模型为：

$$\alpha_j \sum_{q=1}^{\infty} \lambda^q = \frac{\lambda \alpha_j}{1 - \lambda} \tag{6-6}$$

因此，X_j 对 Y 的总体偏效应值为：

$$\alpha_j \sum_{q=0}^{\infty} \lambda^q = \frac{\alpha_j}{1 - \lambda} \tag{6-7}$$

6.2.2 技术溢出的空间相关性检验

现有文献通常采用 Moran I 指数来判断区域变量是否存在空间自相

关性，其计算公式为 $\text{Moran I} = \sum_{i=1}^{n} \sum_{j=1}^{n} W_{ij}(Y_i - \overline{Y})(Y_j - \overline{Y}) \Big/ \sum_{i=1}^{n} \sum_{j=1}^{n} W_{ij}$。其中，Y 为全要素生产率，W 为空间权重矩阵。Moran I 的取值范围为 $-1 \sim 1$，如果该值大于 0，表明各地区间的某个经济变量存在空间正相关，即空间聚类效应；如果该值小于 0，表明地区间的某经济变量为空间负相关。Moran I 的绝对值越大，表明所检验的经济变量空间相关性越强。

对技术溢出进行空间相关性检验之前，需要先确定空间权重矩阵 W。关于空间权重矩阵 W 的选择，学术界并没有统一的标准。大量学者采用距离衰减函数、社会网络结构、经济距离、地理距离、邻近矩阵等方法来确定空间权重。一方面，基础设施投资对本地区的全要素生产率具有外部性；另一方面，基础设施投资的网络效应和规模效应对相似经济特征的地区或贸易伙伴国的全要素生产率也能产生空间溢出效应，地区间的经济相似程度或贸易来往程度越高，其空间溢出效应越大。[1][2] 故本文采用海德和迈尔（Head and Mayer，2002）的"经济距离"法来确定空间权重 W。具体计算公式为：

$$d_{ij} = \begin{cases} \left[\sum_{k \in i} (pop_k/pop_i) \sum_{\varsigma \in j} (pop_\varsigma /pop_j) d_{k\varsigma}^{\theta} \right], & i \neq j^{1/\theta} \\ 0, & i = j \end{cases}$$

$$(6-8)$$

其中，pop_k 为国家 i 首都的人口数，$d_{k\varsigma}$ 为两国首都之间的距离，θ 为两国双边贸易流量的敏感度。本文 θ 取值为 -1，相关数据来源于 CEP-II 数据库。

本文利用软件 Stata 13.0，通过 Maran I 指数来体现被解释变量的全局空间自相关性。2000～2013 年，"金砖四国"全要素生产率的 Maran I 指数如表 6-2 所示。

---

① 边志强. 网络基础设施的溢出效应及作用机制研究 [N]. 山西财经大学学报，2014 (8)：72-80.

② Cohen J P, Paul C M. Public Infrastructure Investment, Interstate Spatial Spillovers, and Manufacturing Costs [J]. Economics and Statistics, 2004, 86 (2)：551-560.

表6-2　2000~2006年"金砖四国"全要素生产率 Moran I 检验

年份	Moran I 指数	Z 值	年份	Moran I 指数	Z 值
2000	0.451***	5.512	2007	0.594**	2.074
2001	0.507***	2.834	2008	0.533***	3.456
2002	0.648***	4.181	2009	0.473**	2.264
2003	0.596***	3.291	2010	0.541***	5.250
2004	0.465**	6.396	2011	0.612**	2.074
2005	0.647**	2.858	2012	0.670***	3.412
2006	0.698***	3.312	2013	0.635**	2.070

注：***、**、*分别表示在1%、5%和10%的水平下通过了显著性检验。

从表6-2可以看出，2000~2013年的 Moran I 指数值均超过了0.400，且均显著为正，这表明2000年以来"金砖四国"全要素生产率在空间上确实存在显著的正相关关系，即空间集聚态势较为显著。因此，运用空间计量模型对"金砖四国"的基础设施投资与全要素生产率之间关系进行研究较为合适。

6.3 "金砖四国"基础设施投资技术溢出效应的实证分析

6.3.1 变量与数据

实证模型的被解释变量为全要素生产率的累积增长率（TFP），其构建基础是全要素生产率，全要素生产率数据已经由6.2部分计算得出；解释变量为基础设施投资，采用实物形态的基础设施投资存量，即能源基础设施（SO）、交通基础设施（TR）、通信基础设施（IN）、教育基础设施（ED）和卫生基础设施（EN）。能源基础设施选择人均能源使用量来衡量，它既能反映各国能源消费总量，又能反映各国能源基础设施规模；交通基础设施选取铁路运营里程、公路运营里程和管道运输里程加总值；通信基础设施使用电话、手机和宽带普及率之和来衡量；教育基础设施选取小学生、中学生和大学生入学率的加权平均数，小学生、中学生和大学生入学率的权重分别为 1∶2∶3；① 卫生设施选取卫生设施普及率来衡量。

实证分析的样本选取"金砖四国"2000～2013 年的时间序列数据。相关基础数据来源于世界银行发展数据库、世界银行发展指标和《金砖国家联合手册2015》，部分年份缺失数据采用移动平均法补充数据。

变量的描述性统计如表 6－3 所示。

表 6－3　　　　　　　变量的描述性统计

变量	观测个数	均值	方差	最小值	最大值
TFP	56	0.23	0.18	－0.01	0.59
SO（万吨标准油）	56	1995.70	1652.37	438.42	5474.91
TR（万公里）	56	155.90	123.04	25.88	456.10
IN（每千人）	56	962.73	712.62	34.92	2837.90
ED（%）	56	62.97	15.78	36.17	88.11
EN（%）	56	59.50	18.67	25.50	83.04

6.3.2　实证结果与分析

采用面板 SEM 模型和面板 SAR 模型分别对2000～2013 年"金砖四国"基础设施投资与全要素生产率之间的关系进行估计。运用 Stata 13.0 进行极大似然估计，结果如表 6－4 所示。

---

① UNCTAD. World Investment Report 2005：Transnational Corporations and the Internationalization of R&D [M]. New York：United Nations Publication，2005：113.

表6-4 "金砖四国"基础设施投资技术溢出效应的空间计量结果

变量	被解释变量（TFP）			
	随机效应模型		固定效应模型	
	面板 SEM 模型（1）	面板 SAR 模型（2）	面板 SEM 模型（3）	面板 SAR 模型（4）
SO	0.005 *** (8.850)	0.007 *** (5.960)	0.020 *** (2.860)	0.007 *** (3.080)
TR	0.071 *** (12.900)	0.070 *** (12.870)	0.002 (0.120)	-0.001 (-0.050)
IN	0.014 *** (12.440)	0.015 *** (7.560)	0.014 *** (4.860)	0.009 *** (4.720)
ED	0.9118 *** (6.690)	0.715 *** (4.230)	0.803 *** (3.360)	0.469 *** (3.030)
EN	-1.053 *** (-13.020)	-0.975 *** (10.910)	-0.079 (-0.280)	-0.147 (-0.740)
$W\varepsilon_{it}$	0.297 *** (2.620)		-0.734 *** (-5.750)	
$W \times TFP$		0.153 *** (2.280)		-0.675 *** (-7.210)
时间效应	是	是	是	是
个体效应	是	是	是	是
within $- R^2$	0.946	0.946	0.938	0.815
Log – Likelihood	-142.529	-143.120	-110.676	-105.275

注：（ ）内为 t 统计值，*** 、** 和 * 分别表示在 1%、5% 和 10% 统计水平下显著。

首先，需要对模型的适用性进行识别。在表 6-4 中，空间误差模型的空间误差项 $W\varepsilon_{it}$ 和空间自回归模型的滞后项 $W \times TFP$ 的系数均显著，说明 SED 模型和 SAR 模型均能较好地分析问题。根据极大似然估计法的原理，对数似然函数值的绝对值越大，该模型越适宜性越好。从表 6-4 的估计结果可以看出，随机效应模型的极大似然值的绝对值均高于固定效应模型的极大似然值的绝对值，故随机效应模型优于固定效应模型。下文分析主要基于随机效应模型估计结果。

在表6-4中，全要素生产率的空间滞后项（W×TFP）的系数在1%水平下显著为正，这说明了"金砖四国"的经济行为或决策会出现相互合作与模仿的现象。"金砖四国"的能源基础设施系数在1%水平下显著为正，表明能源基础设施是企业生产和居民生活的物质基础。"金砖四国"的能源基础设施已成为经济发展的重要支撑。交通基础设施对其国内技术进步具有显著的正效应，这与经济理论预期相符。其原因在于，交通基础设施质量的提高能降低运输成本，提高对现有技术的利用程度，加快区域间贸易的流动和生产要素的转移。通信基础设施的回归系数显著为正，说明通信设施的发展降低了市场信息不对称程度，加快信息传播与技术利用，使经济主体更有效地利用新技术和方法进行生产和管理，从而提高国民经济运行效率。教育基础设施对全要素生产率具有显著的促进作用。因为教育水平的提高一方面增强了地区的研发创新能力，另一方面促进了知识生产和专业化人力资本累积。卫生环境基础设施对全要素生产率产生负的溢出效应。其可能原因是，一方面，卫生设施改善了居民福利，增加居民享受和闲暇，使生产函数呈现报酬递减；另一方面，卫生设施的提高，要求企业进行绿色生产，企业将花费更多精力和金钱在环境保护上，换而言之，企业技术和研发投资资金会减少，因此两者呈负相关关系。

根据式（6-6）和式（6-7）计算出 SAR 模型（2）中各类基础设施投资的偏效应及构成，结果如表6-5所示。从表6-5可知，"金砖四国"直接效应构成了基础设施投资对全要素生产率的总体偏效应的绝大部分（约5/6）；全要素生产率的空间溢出效应显著，但空间外部偏效应较小（约1/6）。在各类基础设施中，总体偏效应由大到小依次为，教育基础设施、交通基础设施、通信基础设施、能源基础设施和卫生基础设施。

要判断各类基础设施是否具有空间溢出效应，还需要对间接效应进行分析。除了能源基础设施对全要素生产率的间接效应不显著外，其他类型的基础设施对全要素生产率均能产生显著影响。具体而言，能源基础设施的空间溢出效应为正，但系数并不显著，说明要素在地区间的转移效果有限，因此对全要素生产率的影响并不显著。交通、通信和教育基础设施对全要素生产率均具有显著的积极溢出效应。其原因是，交通基础设施能加强区域间的要素流动，降低区域经济活动的成本；通信基础设施能加快区域间的信息和技术的传播与扩散；教育基础设施能更好地吸收和利用外来先进技术和知识，因此交通、通信和教育基础设施对全要素生产率具有显著的正向空间溢出效应，且教育基础设施的聚类效应最强。卫生基础设施的间接效应的系数为负，说明政府或企业行为具有一定的竞争性，一国良好的卫生环境设施能吸引更多的要素流入，不利于其他国家的经济增长。

表6-5　　　　各类基础设施投资对全要素生产率的偏效应

变量	总体效应	直接效应		间接效应	
		弹性	占比（%）	弹性	占比（%）
SO	0.008 ***	0.007 ***		0.001	
TR	0.084 ***	0.072 ***		0.013 **	
IN	0.013 ***	0.012 ***	85.694	0.002 **	14.306
ED	0.836 ***	0.722 ***		0.115 ***	
EN	− 1.147 ***	− 0.984 ***		− 0.169 **	

注：*** 、** 和 * 分别表示在1%、5%和10%统计水平下显著。

6.4　小　　结

本书从空间溢出角度切入，采用SDM和SAR模型分析并检验基础设施投资与区域间全要素生产率的关系。基于2000～2013年"金砖四国"面板数据估计，得到如下结论：

（1）"金砖四国"的基础设施投资对全要素生产率存在显著影响，其中，能源、交通、通信和教育基础设施对全要素生产率具有显著的促进作用，卫生基础设施对全要素生产率具有负的溢出效应。

（2）"金砖四国"基础设施投资技术溢出效应主要表现为基础设施

投资对本国全要素生产率的直接溢出效应（占 85.694%）；全要素生产率的空间溢出效应显著，但空间溢出效应较小（占 14.306%）。在各类基础设施中，总体偏效应由大到小依次为，教育基础设施、交通基础设施、通信基础设施、能源基础设施和卫生基础设施。

（3）除了能源基础设施对全要素生产率的空间效应不显著外，其他类型的基础设施对全要素生产率均能产生显著空间溢出效应，且空间溢出效应由大到小依次为教育基础设施、交通基础设施、通信基础设施和能源基础设施。

根据上述结论可知，能源、交通、通信和教育基础设施不仅可以通过要素累积直接促进经济增长、全要素生产率的提高，而且可以通过溢出效应使生产函数整体上移，提高本地区及其他地区的经济效率和技术水平。该结论对促进"金砖四国"经济增长和转型具有重要意义。

第7章

"金砖四国"基础设施投资的企业生产成本节约效应

基础设施投资不仅能促进宏观经济增长，而且能在微观层面影响企业生产成本、生产效率及投入要素结构。例如，交通和通信基础设施能降低企业生产成本、减少生产折旧，教育基础设施可以提高劳动效率，从而降低劳动力成本。因此，"金砖四国"可以通过基础设施投资来调整企业生产要素投入结构，实现经济转型与产业升级。

7.1 理 论 模 型

本文运用成本函数来分析"金砖四国"基础设施投资的企业生产成本节约效应。本文的理论模型主要基于科恩和保罗（Cohen and Paul, 2004）的研究方法。假定在一定的社会需求、生产能力和外部的技术等条件，企业通过不同的投入要素组合来实现生产成本的最小化。企业总成本包括可变成本和不变成本，因此，总生产函数可以写成如下形式：

$$TC_{it} = R_{it}(Y_{it}, K_{it}, P_{it}, I_{it}, t) + P_{K,it}K_{it}^* \qquad (7-1)$$

式（7-1）中，i 为国家，t 为时间，TC 为总成本，R(·) 为可变生产函数，Y 为总产出，K 固定资本存量，P 为投入要素的价格向量，I 为基础设施投资。投入要素包括劳动 L_{it} 和中间产品 M_{it}，其价格分别为 $p_{L,it}$ 和 $p_{M,it}$，因此，$P_{it} = (p_{L,it}, p_{M,it})$。假定要素价格 $p_{L,it}$ 和 $p_{M,it}$ 是外生给定的，根据谢泼德引理，[①] 厂商成本函数对各要素的偏导函数为相应要素的条件需求函数，即 $S_{ij} = \partial \ln R_i / \partial \ln P_{ij}$，$j = M$，$L$。

根据式（7-1）可知，基础设施投资对企业的成本效应可表示为成本弹性 $\varepsilon_{RI} = \partial \ln R / \partial \ln I$，如果 $\varepsilon_{RI} < 0$，表明基础设施投资可以降低企业生产成本，其溢出效应为正。产出的成本弹性 $\varepsilon_{RY} = \partial \ln R / \partial \ln Y$，该指标用于检验规模报酬效应，如果 $\varepsilon_{RY}^{-1} > 1$，表示企业处于规模报酬递增阶段；如果 $\varepsilon_{RY}^{-1} = 1$ 则表示企业规模报酬不变；如果 $\varepsilon_{RY}^{-1} < 1$ 则为规模报酬递减。投入要素对基础设施投资的需求弹性为 $\varepsilon_{LI} = \partial \ln L / \partial \ln I$ 和 $\varepsilon_{MI} = \partial \ln M / \partial \ln I$，如果 $\varepsilon_{jI} > 0$，$j = M$，L，说明要素 j 与基础设施投资存在互补关系；如果 $\varepsilon_{jI} < 0$，说明要素 j 与基础设施投资相互替代。$\varepsilon_{YI} = \dfrac{\partial^2 \ln R}{(\partial \ln Y)(\partial \ln I)}$ 表示基础设施投资对规模报酬效应的影响。$\varepsilon_{KI} = \dfrac{\partial^2 \ln R}{\partial \ln K \partial \ln I}$ 表示基础设施投资对私人资本投入效应的影响。

关于可变成本函数 R(·)，现有文献普遍采用超越对数函数形式，[②] 运用对偶理论将式（7-1）变为如下形式，

$$\ln \frac{RC_{it}}{P_{M,it}} = \alpha_0 + \alpha_Y \ln Y_{it} + \alpha_K \ln K_{it} + \alpha_L \ln \frac{P_{L,it}}{P_{M,it}} + \alpha_I \ln I_{it}$$

$$+ 0.5 \left[\alpha_{YY} \ln^2 Y_{it} + \alpha_{KK} \ln^2 K_{it} + \alpha_{LL} \ln^2 \frac{P_{L,it}}{P_{M,it}} + \alpha_{II} \ln^2 I_{it} \right]$$

$$+ \alpha_{YK} \ln Y_{it} \ln K_{it} + \alpha_{YL} \ln Y_{it} \ln \frac{P_{L,it}}{P_{M,it}} + \alpha_{YI} \ln Y_{it} \ln I_{it}$$

$$+ \alpha_{KL} \ln K_{it} \ln \frac{P_{L,it}}{P_{M,it}} + \alpha_{KI} \ln K_{it} \ln I_{it} + \alpha_{LI} \ln \frac{P_{L,it}}{P_{M,it}} \ln I_{it} \qquad (7-2)$$

根据式（7-2）可得出劳动要素份额函数，

$$S_L = \alpha_L + \alpha_{LL} \ln \frac{P_L}{P_M} + \alpha_{LY} \ln Y + \alpha_{LK} \ln K + \alpha_{LI} \ln I \qquad (7-3)$$

---

① 谢泼德引理（Shephard's Lemma）：$\partial E(P, U)/\partial p_i = x_i^h(P, U)$。

② Shah, Anwar. Dynamics of Public Infrastructure, Industrial Productivity and Profitability [J]. Economics and Statistics, 1992, 74 (1)：28-36.

张光南，洪国志，陈广汉. 基础设施、空间溢出与制造业成本效应 [J]. 经济学季刊，2013 (13)：285-304.

7.2 实 证 分 析

7.2.1 变量选取与数据来源

本章主要对"金砖四国"基础设施投资企业生产成本节约溢出效应进行实证检验,模型样本选取 1995~2011 年的 34 个行业年度数据。[①]选择这一时期样本是因为世界投入产出数据库（World Input - Output Database）只公布了这一时期各行业数据。部分年份缺失数据采用两年移动平均计算得出。

关于基础设施投资 I,现有各类统计资料并未直接公布这一指标数据,只能根据《世界投入产出数据库》提供的相关数据进行估算。世界银行认为,基础设施包括经济基础设施和社会基础设施,其中,经济基础设施是指长期使用的工程构筑、设备、设施以及其为经济生产和家庭所提供的服务;社会基础设施主要包括教育、卫生保健和环境保护等。因此,现有文献普遍选取基础设施中的某些项目来研究。[②]鉴于数据的可获得性,本章选取世界投入产出数据库中的"电力、天然气及供水""陆地运输""水运""航空""其他辅助运输""邮电""教育"和"医疗"等行业的固定资本形成总额的年度数据,采用永续盘存法

---

① 农林牧渔业,采掘业,食品、饮料及烟草制造业,皮革及皮制品业,纺织业及其制品业,造纸及纸制品业,石油、炼焦及核燃料加工业,化学原料及化学制品业,橡胶及塑料制品业,非金属矿物制品业,金属冶炼及压延加工业,机械工业,电器机械及器材制造业,交通运输设备制造业,其他制造业,电力、天然气及供水业,建筑业,汽车和摩托车销售、维修及修理业,批发贸易业,零售贸易业,餐饮与住宿业,陆地运输业,水运业,航空业,其他辅助运输业及旅游业,邮电业,金融保险业,房地产业,租赁与商务服务业,公共管理及国防事业,教育业,医疗业,其他服务业。（私人家庭雇佣活动不包括,该项所公布的数据均为 0）。中国和印度没有统计汽车和摩托车销售、维修及修理业。

② 张光南,洪国志,陈广汉. 基础设施、空间溢出与制造业成本效应 [J]. 经济学季刊, 2013 (13): 285 - 304.

估算出"金砖四国"基础设施投资存量。计算基础设施投资存量需要考虑三个因素：初始年份基础设施投资存量、历年基础设施投资流量、基础设施投资价格指数。本章以 1995 年为基期，初始年份基础设施投资存量的估算采用公式 $K_0 = I_0/(g_{0-t} + \delta)$ 计算得出，其中，I_0 为基期的基础设施投资固定资本形成总额，g_{0-t} 为从基期到第 t 期实际 GDP 的年均增长率，δ 为 5% 的折旧率；投资流量指标选取基础设施投资固定资产形成总额；基础设施投资价格指数选取 1995 年不变价格的基础设施投资固定资产形成价格指数。

表 7-1 列出了实证分析所使用的变量、含义、计算方法及其数据来源。

表 7-1　　　　　　　　　　变量含义及说明

变量	含义	计算方法	数据来源
RC	生产成本	厂商生产的中间产品投入 + 劳动工资	World Input – Output Database
Y	产出	各行业总产出	World Input – Output Database
K	固定资本存量	以 1995 年为基期的实际固定资本形成总额	World Input – Output Database
P_M	中间产品价格指数	以 1995 年为基期的中间产品价格指数	World Input – Output Database
P_L	劳动力价格指数	总工资/雇员人数，以 1995 年为基期	World Input – Output Database
I	基础设施投资	基础设施存量，以 1995 年为基期	World Input – Output Database 和世界银行发展指标
S_L	劳动份额	劳动工资/生产成本	World Input – Output Database

7.2.2　实证结果和分析

为了提高估计的效率，本章采用非线性 SUR 回归方法，对式（7-2）

和式（7 - 3）进行联合估计。① 估计结果如表 7 - 2 所示。基于表 7 - 2 的估计结果，可计算出成本弹性和要素需求弹性，结果如表 7 - 3 所示。

表 7 - 2　　　　　　"金砖四国" 基础设施投资企业生产成本节约效应的估计

	巴西	中国	印度	俄罗斯
α_Y	-4.627 *** (-2.790)	-1.825 * (-1.680)	-0.004 (0.000)	-9.331 *** (3.610)
α_K	3.317 *** (2.620)	4.891 *** (6.350)	-0.084 (-0.120)	11.817 *** (5.480)
α_L	0.127 (0.240)	0.187 (0.840)	0.6700 ** (2.110)	1.868 *** (3.390)
α_I	-168.795 *** (-10.020)	16.362 *** (4.930)	-7.998 (-1.280)	-92.639 *** (-3.990)
α_{YY}	-0.255 (-5.020)	-0.007 (-0.140)	-0.194 *** (-4.890)	-0.131 *** (-3.450)
α_{KK}	-0.412 ** (-16.850)	-0.084 *** (-3.360)	-0.114 *** (-4.810)	-0.216 *** (-7.200)
α_{LL}	0.055 ** (2.200)	-0.028 *** (-3.590)	-0.001 (-0.090)	0.0003 (-0.040)
α_{II}	13.025 *** (9.520)	-0.677 *** (0.630)	-0.001 (-0.000)	6.505 *** (3.770)
α_{YK}	0.279 *** (7.880)	0.132 *** (3.780)	0.049 ** (2.060)	0.139 *** (4.840)
α_{YL}	0.021 * (2.000)	-0.029 *** (-3.900)	0.006 (0.7200)	0.026 *** (3.100)
α_{YI}	0.431 *** (2.970)	0.093 * (1.190)	0.243 *** (2.900)	0.729 *** (3.610)

① Stata 13.0 程序：nlsur(y1 = {a1} + {b1} * x^{g1 = 1}) (y2 = {a2} + {b2} * x^{g2 = 1})，ifgnls。

续表

	巴西	中国	印度	俄罗斯
α_{KL}	0.003 (0.400)	0.060 *** (9.580)	0.243 ** (2.220)	-0.009 (-1.450)
α_{KI}	-0.171 * (-1.560)	-0.356 *** (-6.000)	0.016 (0.640)	-0.801 *** (-4.850)
α_{LI}	-0.025 (-0.52)	-0.012 (-0.740)	-0.043 * (-1.700)	-0.127 *** (-2.950)

注:本表估计由 Stata 13.0 输出;*、** 和 *** 分别表示在 10%、5% 和 1% 的显著性水平下显著。

表 7-3   "金砖四国"基础设施投资的成本弹性和要素投入弹性

	巴西	中国	印度	俄罗斯
ε_{RI}	-0.285	-0.349	-0.298	-0.337
ε_{RY}	0.994	0.779	0.969	0.725
ε_{YI}	0.431	0.093	0.243	0.729
ε_{LI}	-0.025	-0.012	-0.043	-0.801
ε_{KI}	-0.171	-0.356	0.016	-0.127

从表 7-2 可以看出,"金砖四国"基础设施投资的成本弹性(ε_{RI})均为负,表明该四国的基础设施投资均能显著降低本国企业生产的成本。"金砖四国"基础设施投资的企业生产成本节约效应由大到小的国家依次为俄罗斯(-0.337)、中国(-0.349)、印度(-0.298)和巴西(-0.285)。从企业生产的规模报酬来看,"金砖四国"的规模报酬弹性 ε_{RY} 均比较接近 1,表明四国企业处于规模报酬不变阶段。并且,基础设施投资对企业规模效应具有正向溢出效应。从劳动力投入需求弹性来看,巴西、中国、印度和俄罗斯的劳动力需求弹性(ε_{LI})均为正,表明基础设施投资与企业劳动力投入具有互补关系,即基础设施投资可以增加企业对劳动力要素的需求,从而促进就业率的提高。其中,基础设施投资对俄罗斯的劳动力需求影响最大,其次依次为印度、巴西和中国。从资本投入需求弹性来看,巴西、中国和俄罗斯的资本要素投入具

有负弹性,表明基础设施投资对资本要素投入存在替代效应,即基础设施投资的增加可以减少企业对资本投入的需求,节约企业资本生产的成本。"金砖四国"中,中国基础设施投资对资本要素的替代效应最大,其次依次为巴西和俄罗斯;印度资本要素需求弹性为正,表明印度的基础设施对企业资本投入存在互补效应,即基础设施的增加将提高企业的资本投入,可能原因是印度国内基础设施投资存量水平较低,导致基础设施的发展不能满足企业生产的需求。

7.3 基础设施投资企业生产成本 节约效应的国际比较

从表 7-4 可以看出,基础设施投资对不同国家的企业成本节约的溢出效应不同,日本 [如坦加维鲁和奥永 (2000) 的研究] 和加拿大 [如保罗等 (2004) 的研究] 的基础设施投资企业生产成本节约效应较大,西班牙 [如博斯卡和穆尔吉 (Boscá and Murgui,2000) 的研究] 和中国 [张光南等 (2013) 的研究] 的基础设施投资企业生产成本节约效应较小,而本文研究的"金砖四国"基础设施投资企业生产成本节约效应与美国 [如科恩和保罗 (2004) 的研究] 基础设施投资与生产成本节约效应比较接近。对基础设施成本弹性的估算存在差异的可能原因是上述文献所选取的研究对象和基础设施类型不同。总而言之,上述文献均表明,基础设施投资可以不同程度地降低企业生产成本,对企业要素结构调整具有重要作用。

表 7-4 基础设施投资企业生产成本节约溢出效应的国际比较

文献	研究对象	年份	基础设施类型	成本弹性
本文	"金砖四国"34 个行业	1995~2011	能源、交通、通信、教育和卫生	-0.349~-0.285
莎拉 (1992)	墨西哥 26 个制造业	1970~1987	电力、通信和交通	-0.337~-0.085

文献	研究对象	年份	基础设施类型	成本弹性
坦加维鲁和奥永（2000）	日本9个制造业	1970～1995	公共资本存量	−2.384～0.466
博斯卡等（Boscá et al.，2000）	西班牙各地区	1980～1993	公共资本存量	−0.137～0.058
科恩和保罗（2004）	美国制造业	1982～1996	高速公路	−0.241
保罗等（2004）	加拿大12个制造业	1961～1995	交通和卫生	−1.107～0.404
布洛克斯和菲德（2005）	加拿大制造业	1961～1997	固定资本存量中政府投资部分	−0.476
张光南等（2013）	中国27个制造业	1998～2005	交通、邮电通信和能源	−0.08～0.183

7.4 小　结

本章基于可变成本函数，利用"金砖四国"1995～2011年34个行业的面板数据，采用非线性SUR方法对"金砖四国"基础设施投资企业生产成本节约效应进行了实证研究。研究得到如下结论：

第一，基础设施投资具有正的外部性，可以降低"金砖四国"企业生产的成本。"金砖四国"基础设施投资企业生产成本节约效应由大到小的国家依次为俄罗斯、中国、印度和巴西。

第二，"金砖四国"企业正处于规模报酬不变阶段，且基础设施投资对企业规模效应具有正向溢出效应。

第三，"金砖四国"基础设施投资对企业的劳动力和资本等投入要素需求的影响不同。"金砖四国"基础设施投资的劳动力需求弹性为正，表明基础设施投资对企业劳动力投入具有互补效应，该效应由大到小的国家依次为俄罗斯、印度、巴西和中国。巴西、中国和俄罗斯基础设施投资的资本要素投入具有负弹性,基础设施对资本要素投入存在替代效应,而印度基础设施投资的资本要素需求弹性为正,印度基础设施投资对企业资本投入存在互补效应。

本章研究的"金砖四国"基础设施投资的成本节约效应,对政府进行基础设施投资,降低企业生产成本、促进企业要素结构调整以及提高企业竞争力具有重要的政策含义。

第8章

"金砖四国"基础设施投资的
产业带动效应

从供给和需求的角度来看，基础设施投资的产业带动效应主要包括前向关联效应和后向关联效应。前向关联效应是基础设施投资对需求本产业的产品或服务的产业产生供给推动作用；后向关联效应是基础设施投资对向本产业提供生产要素的产业产生需求拉动作用。[①] 基础设施投资对产业的带动效应是指基础设施通过供给推动和需求拉动对不同产业产生的总效应。

基础设施投资对不同产业的影响存在较大差异，研究基础设施投资对各产业带动效应，对确立基础设施投资在国民经济发展中的地位、制定基础设施发展规划、促进产业协调发展具有非常重要的意义。本章借助投入—产出模型对"金砖四国"基础设施投资的产业带动效应进行测算与比较。

8.1 计 算 方 法

直接消耗系数是指 j 部门生产单位产品所消耗 i 部门的价值量，记为 $a_{ij} = x_{ij}/x_j (i, j = 1, 2, \cdots, n)$，其中 x_{ij} 为 j 部门对 i 部门的中间需求

---

① 王国军，刘水杏. 房地产对相关产业的带动效应研究 [J]. 经济研究，2004 (8)：38 - 47.

价值量。直接消耗系数反映了 j 部门在生产过程中对 i 部门的需求情况。构造直接消耗系数矩阵 $A = (a_{ij})_{n \times n}$。完全消耗系数是指 j 部门生产单位价值直接或间接地消耗 i 部门的价值总量。假设完全消耗系数所构成的矩阵为 $B = (b_{ij})_{n \times n}$（$i, j = 1, 2, \cdots, n$），根据直接消耗系数矩阵 A 计算出完全消耗系数矩阵，即 $B = (E - A)^{-1} - E$。

直接分配系数是指 i 部门生产的单位产品中向 j 部门提供的中间使用量，记为 $h_{ij} = x_{ij} / x_i$（$i, j = 1, 2, \cdots, n$）。直接分配系数反映的是生产过程中 i 部门对 j 部门的供给情况。用 $H = (h_{ij})_{n \times n}$ 表示直接消耗系数构成的 n 阶矩阵。因此，完全分配系数矩阵 $W = (E - H)^{-1} - E$，反映了 i 部门的单位产出直接或间接地供给 j 部门的价值量。

利用投入产出表第 I 象限的数据计算出直接消耗系数矩阵和直接分配系数矩阵，在此基础上计算出完全消耗系数矩阵和完全分配系数矩阵。分别用基础设施行业对应的完全分配系数行和完全消耗系数列来表示前向推动和后向拉动效应，基础设施投资对同一产业的前向和后向关联效应之和为基础设施对该产业的总带动效应。

根据前向和后项关联效应值，分别计算出前向和后向关联效应的平均值，将关联效应大于平均关联效应值的产业作为基础设施密切关联产业；关联度大于 0 而小于平均关联效应值所对应的产业视为基础设施的非密切关联产业；关联度为 0，表明基础设施与该产业无关联关系。[①]本章在计算完全分配系数和完全消耗系数时，剔除了关联度为 0 的行业，即不考虑与基础设施投资无关联的产业。

8.2 数据来源、计算结果及分析

本章的数据选取 2011 年度"金砖四国"35 × 35 投入产出表，运用投入产出模型对"金砖四国"基础设施投资的产业带动效应进行测算

---

① 王国军，刘水杏. 房地产对相关产业的带动效应研究 [J]. 经济研究，2004（8）: 38 – 47.

与比较。数据来源于《世界投入—产出数据库》（World Input - Output Table for 2011），计算结果和分析如下。

8.2.1 "金砖四国"基础设施投资对不同产业的拉动效应

1. 巴西

根据表 8 - 1 推算可知，巴西各类基础设施投资与产业的关联度由大到小依次为 1.284（交通运输业）、1.033（通信与信息业）、0.826（卫生及社会福利）、0.673（能源生产及供应）和 0.579（教育）。交通基础设施投资对各产业的总带动作用最大，即交通运输业每增加 1 单位的产值，对产业带动的总效应为 1.284，其中对租赁及商务服务业的带动效应为 0.163，居于产业之首；与公共管理及国防事业的前向关系效应最小，仅为 0.007。

表 8 - 1　　　　巴西基础设施投资对不同产业的带动效应

产业名称	能源生产及供应	交通运输业①	通信与信息业	教育	卫生及社会福利
农林牧渔业	0.005	0.018	0.016	0.015	0.013
采掘业	0.178	0.072	0.059	0.020	0.029
食品、饮料及烟草制造业	0.005	0.015	0.014	0.022	0.017
纺织业及其制品业	0.005	0.031	0.022	0.004	0.022
造纸及纸制品业	0.018	0.134	0.095	0.037	0.054
石油、炼焦及核燃料加工业	0.060	0.143	0.114	0.023	0.038
化学原料及化学制品业	0.017	0.035	0.026	0.013	0.068
橡胶及塑料制品业	0.026	0.099	0.067	0.015	0.075
非金属矿物制品业	0.006	0.014	0.010	0.029	0.046
金属冶炼及压延加工业	0.022	0.024	0.019	0.015	0.019
机械工业	0.007	0.010	0.008	0.008	0.005
电器机械及器材制造业	0.066	0.044	0.033	0.009	0.020
交通运输设备制造业	0.008	0.041	0.034	0.004	0.007

续表

产业名称	能源生产及供应	交通运输业	通信与信息业	教育	卫生及社会福利
其他制造业	0.002	0.023	0.015	0.063	0.006
建筑业	0.005	0.014	0.012	0.076	0.022
批发贸易业	0.021	0.065	0.053	0.026	0.045
零售贸易业	0.027	0.077	0.067	0.032	0.056
餐饮与住宿业	0.002	0.010	0.008	0.008	0.024
金融保险业	0.041	0.080	0.072	0.018	0.030
房地产业	0.018	0.042	0.036	0.025	0.025
租赁与商务服务业	0.074	0.163	0.147	0.065	0.114
公共管理及国防事业	0.010	0.007	0.007	0.004	0.007
其他服务业	0.052	0.124	0.102	0.047	0.083
均值	0.029	0.056	0.045	0.025	0.036
总效应	0.673	1.284	1.033	0.579	0.826

注：交通运输业包括内陆交通、水运交通、航空运输及其他辅助运输。
资料来源：根据《投入—产出数据库（2011版）》计算得出。

2. 中国

从表 8-2 可以看出，总体来说，中国各类基础设施投资与产业的相关性较高，关联系数均超过了 1。中国的各类基础设施投资与产业的关联总效应由大到小依次为交通基础设施（2.069）、能源基础设施（2.007）、卫生及社会福利基础设施（1.827）、教育基础设施（1.189）和通信基础设施（1.011）。交通基础设施投资对产业的总带动效应最大，因为各产业在原材料购置、产品加工及销售均对交通基础设施具有较高的依赖。具体而言，交通基础设施投资与采掘业的关联效应最大，关联系数达到了 0.454。交通基础设施投资对采掘业的带动效应主要表现为交通基础设施投资对采掘业的前向直接推动作用，交通基础设施的供给增加一单位产值，对采掘业产出的直接推动效应为 0.454；交通基础设施投资与公共管理及国防事业关联效应最小，说明交通基础设施投资对公共管理及国防事业的产出影响较小。能源基础设施投资与采掘业的关联度最高，其完全分配系数值和完全消耗系数值均为最大，说明能源基础设施投资对采掘业既具有直接供给推动效应，又能产生需求拉动效应。卫生与社会福利基础设施投资与化学原料及化学制品业的关联度最高；教育基础设施投资与造纸及纸制品业关联度最高；通信基础设施投资与电器机械及器材制造业的关联度最高。

表 8 – 2　　　　　中国基础设施投资对不同产业的带动效应

产业名称	能源生产及供应	交通运输业	通信与信息业	教育	卫生及社会福利
农林牧渔业	0.035	0.072	0.024	0.055	0.073
采掘业	0.454	0.116	0.028	0.043	0.097
食品、饮料及烟草制造业	0.041	0.066	0.027	0.064	0.066
纺织业及其制品业	0.052	0.055	0.022	0.033	0.079
造纸及纸制品业	0.065	0.075	0.079	0.136	0.079
石油、炼焦及核燃料加工业	0.157	0.423	0.028	0.046	0.088
化学原料及化学制品业	0.091	0.093	0.046	0.069	0.531
橡胶及塑料制品业	0.064	0.078	0.030	0.035	0.054
非金属矿物制品业	0.027	0.019	0.011	0.021	0.033
金属冶炼及压延加工业	0.122	0.087	0.067	0.053	0.087
机械工业	0.070	0.072	0.028	0.025	0.090
电器机械及器材制造业	0.196	0.055	0.200	0.078	0.063
交通运输设备制造业	0.069	0.188	0.036	0.040	0.028
其他制造业	0.016	0.014	0.006	0.020	0.014
建筑业	0.003	0.007	0.006	0.012	0.035
批发贸易业	0.066	0.067	0.071	0.048	0.111
零售贸易业	0.037	0.041	0.030	0.022	0.048
餐饮与住宿业	0.048	0.115	0.042	0.096	0.049
金融保险业	0.185	0.199	0.052	0.098	0.060
房地产业	0.022	0.034	0.052	0.029	0.021
租赁与商务服务业	0.100	0.074	0.086	0.092	0.074

产业名称	能源生产及供应	交通运输业	通信与信息业	教育	卫生及社会福利
公共管理及国防事业	0.001	0.002	0.001	0.001	0.001
其他服务业	0.089	0.117	0.039	0.075	0.049
均值	0.087	0.090	0.044	0.052	0.079
总效应	2.007	2.069	1.011	1.189	1.827

资料来源：根据《投入—产出数据库》（2011 版）计算得出。

3. 印度

从表 8-3 可知，印度各类基础设施投资与本国产业的前向关联系数由大到小 2.764（交通运输业）、1.008（能源生产及供应）、0.559（卫生及社会福利）、0.375（通信与信息业）和 0.183（教育）。由此可以看出，除交通基础设施投资外，印度其他类型的基础设施投资与产业的关联度均较低，且差异较大。具体而言，印度产业与交通基础设施投资的关联度最高，主要表现为前向关联，前向关联系数达到了 2.0351，这表明印度各产业对交通基础设施需求非常高，交通运输业每增加 1 单位的产值，对各产业的推动效应达到了 2.0351。从产业细分角度来看，交通运输业对石油、炼焦及核燃料加工业的前向带动效应达到了 0.4091，居于各产业之首。但印度各产业与教育的关联系数均相对较小，可能原因是印度国内教育水平及质量较低，对其他产业的需求或供给均较少，因而对其他产业的拉动作用有限。

表 8-3　　　　印度基础设施投资对不同产业的带动效应

产业名称	能源生产及供应	交通运输业	通信与信息业	教育	卫生及社会福利
农林牧渔业	0.007	0.047	0.005	0.008	0.020
采掘业	0.195	0.186	0.012	0.004	0.010
食品、饮料及烟草制造业	0.004	0.012	0.002	0.002	0.018
纺织业及其制品业	0.004	0.018	0.002	0.003	0.009

产业名称	能源生产及供应	交通运输业	通信与信息业	教育	卫生及社会福利
造纸及纸制品业	0.034	0.174	0.028	0.010	0.025
石油、炼焦及核燃料加工业	0.185	0.628	0.034	0.013	0.036
化学原料及化学制品业	0.019	0.083	0.006	0.004	0.170
橡胶及塑料制品业	0.014	0.304	0.008	0.003	0.014
非金属矿物制品业	0.016	0.050	0.010	0.006	0.008
金属冶炼及压延加工业	0.048	0.085	0.029	0.009	0.017
机械工业	0.038	0.061	0.007	0.002	0.007
电器机械及器材制造业	0.041	0.036	0.038	0.001	0.005
交通运输设备制造业	0.017	0.183	0.011	0.004	0.008
其他制造业	0.007	0.032	0.004	0.001	0.006
建筑业	0.061	0.077	0.058	0.027	0.034
批发贸易业	0.057	0.153	0.029	0.006	0.037
零售贸易业	0.080	0.180	0.042	0.008	0.054
餐饮与住宿业	0.007	0.081	0.008	0.022	0.043
金融保险业	0.151	0.152	0.024	0.044	0.022
房地产业	0.000	0.000	0.000	0.000	0.000
租赁与商务服务业	0.011	0.092	0.016	0.003	0.010
公共管理及国防事业	0.000	0.000	0.000	0.000	0.000
其他服务业	0.014	0.130	0.004	0.002	0.008
均值	0.044	0.120	0.016	0.008	0.024
总效应	1.008	2.764	0.375	0.183	0.559

资料来源：根据《世界投入产出表》（2011 版）计算得出。

4. 俄罗斯

根据表 8-4 可知，俄罗斯的能源和交通基础设施投资与产业的关联性较强，两者的产业关联系数均超过了 2。但各类基础设施投资与产业关联性的差异较大，能源基础设施投资的产业关联总效应达到了 2.721，而通信基础设施投资与产业关联效应仅为 0.615。可能的原因是,作为能源大国,俄罗斯的能源对国民经济起了重要支撑作用。

表 8 - 4 俄罗斯基础设施投资对不同产业的带动效应

产业名称	能源生产及供应	交通运输业	通信与信息业	教育	卫生及社会福利
农林牧渔业	0.010	0.011	0.003	0.016	0.026
采掘业	0.323	0.121	0.026	0.026	0.032
食品、饮料及烟草制造业	0.004	0.006	0.001	0.025	0.045
纺织业及其制品业	0.034	0.049	0.005	0.013	0.041
造纸及纸制品业	0.060	0.065	0.017	0.034	0.036
石油、炼焦及核燃料加工业	0.430	0.384	0.055	0.039	0.056
化学原料及化学制品业	0.082	0.086	0.012	0.015	0.082
橡胶及塑料制品业	0.119	0.131	0.015	0.016	0.032
非金属矿物制品业	0.059	0.069	0.012	0.011	0.030
金属冶炼及压延加工业	0.150	0.159	0.026	0.024	0.037
机械工业	0.074	0.065	0.011	0.008	0.012
电器机械及器材制造业	0.563	0.619	0.106	0.100	0.168
交通运输设备制造业	0.040	0.162	0.012	0.007	0.011
其他制造业	0.082	0.060	0.008	0.016	0.017
建筑业	0.023	0.016	0.020	0.014	0.031
批发贸易业	0.215	0.139	0.036	0.040	0.064
零售贸易业	0.134	0.106	0.024	0.026	0.046
餐饮与住宿业	0.020	0.034	0.018	0.048	0.042
金融保险业	0.056	0.048	0.018	0.012	0.014
房地产业	0.043	0.074	0.061	0.119	0.112
租赁与商务服务业	0.095	0.093	0.068	0.044	0.071
公共管理及国防事业	0.071	0.059	0.026	0.017	0.020
其他服务业	0.034	0.059	0.036	0.072	0.075
均值	0.118	0.114	0.027	0.032	0.048
关联总效应	2.721	2.614	0.615	0.741	1.100

资料来源:根据《世界投入产出表》(2011 版)计算得出。

从产业分类来看,能源基础设施投资对采掘业的支撑作用最大;交通基础设施投资对石油、炼焦及核燃料加工业的影响最大;通信基础设施投资与电器机械及器材制造业的关联效应最大;教育基础设施投资对房地产业的影响最大;卫生及福利设施投资与电器机械及器材制造业的关联效应最大。

8.2.2 "金砖四国"基础设施投资对产业带动效应的比较分析

从带动系数来看,"金砖四国"基础设施投资对产业的带动效应值由大到小依次为 8.103(中国)、7.791(俄罗斯)、4.889(印度)和 4.395(巴西),见表 8-5。"金砖四国"基础设施投资对不同产业的带动效应差异较大:巴西基础设施投资对租赁业及其他商业活动的带动效应最大;中国基础设施投资对化学原料及化学制品业带动效应最大;印度的基础设施投资与石油、炼焦及核燃料加工业,俄罗斯的基础设施投资与电器机械及器材制造业的带动效应最大。

表 8-5 "金砖四国"基础设施投资的产业带动效应

产业名称	巴西	中国	印度	俄罗斯
农林牧渔业	0.067	0.258	0.088	0.065
采掘业	0.359	0.739	0.406	0.528
食品、饮料及烟草制造业	0.073	0.264	0.038	0.082
纺织业及其制品业	0.084	0.240	0.036	0.141
造纸及纸制品业	0.338	0.435	0.271	0.213
石油、炼焦及核燃料加工业	0.378	0.741	0.896	0.964
化学原料及化学制品业	0.159	0.829	0.283	0.277
橡胶及塑料制品业	0.282	0.260	0.343	0.311
非金属矿物制品业	0.105	0.110	0.090	0.180
金属冶炼及压延加工业	0.099	0.415	0.186	0.396
机械工业	0.038	0.285	0.116	0.170

产业名称	巴西	中国	印度	俄罗斯
电器机械及器材制造业	0.171	0.591	0.123	1.557
交通运输设备制造业	0.094	0.360	0.223	0.231
其他制造业	0.109	0.070	0.050	0.184
建筑业	0.129	0.064	0.258	0.105
批发贸易业	0.210	0.363	0.281	0.494
零售贸易业	0.260	0.178	0.363	0.336
餐饮与住宿业	0.052	0.350	0.161	0.162
金融保险业	0.241	0.594	0.392	0.148
房地产业	0.146	0.158	0.000	0.409
租赁与商务服务业	0.563	0.426	0.131	0.371
公共管理及国防事业	0.034	0.006	0.000	0.192
其他服务业	0.409	0.368	0.158	0.276
均值	0.191	0.352	0.213	0.339
总效应	4.395	8.103	4.889	7.791

资料来源：根据《世界投入产出表》（2011 版）计算得出。

从产业类型来看，基础设施的产业链长、波及面广，国民经济中大部分产业与基础设施都关联，但不同国家、不同产业与基础设施的关联度差异较大。与巴西基础设施投资密切关联的产业包括采掘业、造纸及纸制品业、石油、炼焦及核燃料加工业、橡胶及塑料制品业、租赁与商务服务业、其他服务业等第二、第三产业，其中资源、原材料消耗和物质加工型产业偏多，且与基础设施投资的后向关联效应较为显著，表明巴西基础设施发展主要采用传统的生产能力扩张方式，对物质资本型产业产生以需求劳动为主的作用。中国基础设施投资对第二产业的带动效应比较明显，如与采掘业、石油、炼焦及核燃料加工业、化学原料及化学制品业等产业的关联系数均超过了 0.700，这种带动效应主要表现为供给推动效应。印度基础设施投资与第二产业的关联度较高，尤其是采掘业、石油、炼焦及核燃料加工业、橡胶及塑料制品和建筑业。总体来说，印度的基础设施与第三产业的关联度较低。俄罗斯基础设施对第二产业和第三产业的带动效应均较为显著。俄罗斯的第二产业如采掘业和石油、炼焦及核燃料加工业与基础设施投资的关联效应较大，且前向关联与后向关联均显著。俄罗斯的第三产业如电器机械及器材制造业、批发贸易业、零售贸易业和租赁与商务服务业等，与基础设施投资表现为前向关联。整体而言，"金砖四国"的基础设施投资对第一产业的带动效应较小，对能源、资源型产业和初级产品加工业的第二产业带动效应较高，基础设施投资对服务型产业带动的效应不高、类型较少。

8.3 小　　结

本章主要考察了"金砖四国"基础设施投资对各产业的带动效应。根据上述分析可知：

（1）"金砖四国"基础设施投资对产业的带动效应值由大到小依次为8.103（中国）、7.791（俄罗斯）、4.889（印度）和4.395（巴西）。"金砖四国"基础设施投资对不同产业的带动效应差异较大：巴西基础设施投资对租赁业及其他商业活动的带动效应最大；中国基础设施投资对化学原料及化学制品业带动效应最大；印度的基础设施投资与石油、炼焦及核燃料加工业，俄罗斯的基础设施投资与电器机械及器材制造业的带动效应最大。

（2）从产业类型来看，基础设施的产业链长、波及面广，国民经济中大部分产业与基础设施都关联，但不同国家、不同产业与基础设施的关联度差异较大。整体而言，"金砖四国"的基础设施投资对第一产业的带动效应较小，对能源、资源型产业和初级产品加工业的第二产业带动效应较高，基础设施投资对服务型产业带动的效应不高、类型较少。

第9章

"金砖四国" 基础设施
投资的出口效应[①]

20 世纪末以来，"金砖四国" 出口贸易呈现出快速增长态势，在世界贸易格局中的地位不断上升。"金砖四国" 出口总额占世界出口的比重由 2000 年的 6.199% 上升为 2014 年的 17.820%，其中，服务贸易出口占世界出口的比重由 2000 年的 4.360% 上升到 2014 年的 9.880%。伴随着出口贸易（尤其是服务贸易出口）的不断增长，"金砖四国" 出口复杂度也得到较大提升。[②] 与出口复杂度不断提升相伴的另一个事实是："金砖四国" 的基础设施投资额年均增速超过了 12%，尤其是交通和通信基础设施得到快速发展。由此，我们自然而言地产生一个疑问："金砖四国" 基础设施投资对其出口贸易规模和出口复杂度是否存在影响？

9.1 理 论 模 型

已有文献已经证明，基础设施投资能降低企业生产成本、库存成本

[①] 本章已发表于《财经问题研究》2016 年第 11 期。
[②] 杨红. 基于出口复杂度的金砖五国服务贸易技术结构及演进研究 [J]. 当代经济管理，2015 (37)：51 – 55.

及调整成本。[①②] 与国内贸易相比，企业在国际贸易中面临更多风险与不确定性，需要企业根据实际情况适时地调整生产。对于具有较高出口复杂度的企业同样如此。便捷的基础设施能够保证出口企业有效、及时地调整生产，从而促进出口产品数量的增长和质量的提升。

基于新新贸易理论，同时参考马诺瓦（Manova，2011）和王永进等（2010）的研究方法和思路，本章的理论构建如下：

（1）需求。

假设企业生产差异化产品，生产函数形式为柯布道格拉斯函数形式。消费者的总效用为 $U = \prod C^{\theta_s}$，其中 θ_s 为消费者在产品 s 上的消费支出占总支出的比重，$0 \le \theta_s \le 1$，且 $\sum_s \theta_s = 1$。消费者的偏好为 CES 形式，即 $C_s = [\int_{\omega \in \Omega_s} q_s(\omega)^\alpha d\omega]^{1/\alpha}$，其中 Ω_s 为生产可能集。任何两种商品的替代弹性 ε 为 $1/(1-\alpha)$，且 $\varepsilon > 1$。

迪克西特和斯蒂格利茨（Dixit and Stiglitz，2004）认为，消费者行为可以通过一系列多样化商品的消费来描述，因此，消费品总价格指数可以写成如下形式：

$$P_s = [\int_{\omega \in \Omega_s} p_s(\omega)^{1-\varepsilon} d\omega]^{1/(1-\varepsilon)}$$

其中，$p_s(\omega)$ 为产品价格，ε 为商品替代弹性。

根据消费者效用最大化可得到最优消费束。消费者对产品 s 的需求 q_s 为 $\frac{p_s(\omega)^{-\varepsilon} \theta_s Y_d}{P_s^{1-\varepsilon}}$，其中 Y_d 为消费者可支配收入。

（2）企业生产与出口。

在开放经济条件下，企业进入国际市场需要支付一定的沉没成本（F_e）。参照异质性企业贸易模型的经典假设，企业出口单位产品需要承担的"冰山"运输成本为 τ。

借鉴勒文和塔代利斯（Levin and Tadelis，2010）的方法，选取产

---

① 张光南，洪国志，陈广汉. 基础设施、空间溢出与制造业成本效应 [J]. 经济学季刊，2013（13）：285-304.

② 刘秉镰，李玉海. 交通基础设施建设与中国制造业企业库存成本降低 [J]. 中国工业经济，2011（5）：69-79.

品属性的种类数来衡量该企业的出口复杂度。假定企业生产的产品属性为 m 种类型，记为 ω_k，$k \in \{1, 2, \cdots, m\}$。例如，青岛啤酒可以分为经典、纯生、黑啤、全麦白啤、鸿运当头等类型。为了简化研究，假定交易双方只能就某一具体类型的产品签订合同。[①]

企业在国际市场中面临着被"敲竹杠"的风险。假设事件发生的概率为 ρ，$0 < \rho < 1$。该企业在国际市场中被"敲竹杠"的概率为 ρ^m。例如，进口方在事前签订合同，约定购买价格较高的青岛黑啤，但在签订合同之后，进口方面临本国经济萧条等不确定因素，进口方认为购买价格便宜的青岛经典才是最优的选择，则出口企业可能面临被"敲竹杠"的风险。

如果事件发生，为了减少损失或收回货款，出口企业将根据进口方的要求重新组织和调整生产，同时，企业需要额外付出一定的"调整成本"，如库存调整成本、要素调整成本等。出口企业进行短期生产调整需要支付的"调整成本"为 $S(\varphi)$，其中，φ 为基础设施投资水平。一国的基础设施水平越高，出口企业需要支付的调整成本 $S(\varphi)$ 越低，[②]即 $S'(\varphi) < 0$。

出口企业通过选择出口价格和数量来实现预期利润最大化，即：

$$\max E(\pi(x)) = (1 - \rho^m)(p_1(x)q_1(x) - \tau q_1(x)c_s x)$$
$$+ \rho^m(p_2(x)q_2(x) - S(\varphi) - \tau q_2(x)c_s x) - F_e \quad (9-1)$$

其中，c_s 为使企业生产成本最小化的成本集，$p_i(x)$ 为 i 期企业出口商品的价格，$q_i(x)$ 为 i 期企业出口商品的数量，$i = 1, 2$。

约束条件为：

$$q_s(x) = \frac{p_s(x)^{-\varepsilon}\theta_s Y_d}{P_s^{1-\varepsilon}} \quad (9-2)$$

对式（9-1）求导得到，企业预期出口商品的数量为：

$$E(q(x)) = [(1 - \rho^m) + \rho^m S(\varphi)^{-\varepsilon}]q(x) \quad (9-3)$$

$q(x)$ 表示基础设施完善条件下企业出口商品的数量。由于 $S'(\varphi) <$

[①] 王永进，盛丹，施炳展，李坤望. 基础设施如何提升了出口技术复杂度 [J]. 经济研究，2010（7）：103-116.

[②] 张光南，洪国志，陈广汉. 基础设施、空间溢出与制造业成本效应 [J]. 经济学季刊，2013（13）：285-304.

0，则 $\partial E(q(x))/\partial\varphi>0$，$\partial^2 E(q(x))/\partial\varphi\partial m>0$，表明基础设施水平越高，企业预期出口商品的数量越多，且出口高复杂度的商品越多。由此可以得到本章的假说 1。

假说 1：基础设施水平越高，出口企业出口商品数量越多，且对出口复杂度越高的企业，基础设施对其出口数量的影响越大。

根据式（9－1）和式（9－2），解最优化问题得到：

$$p_s(x) = \frac{\tau c_s x}{\alpha} \qquad (9-4)$$

$$q(x) = \left(\frac{\tau c_s x}{\alpha}\right)^{-\varepsilon}\frac{\theta_s Y_d}{P_s^{1-\varepsilon}} \qquad (9-5)$$

$$r_s(x) = \left(\frac{\tau c_s x}{\alpha P_s}\right)^{1-\varepsilon}\theta_s Y_d \qquad (9-6)$$

$$E(\pi(x)) = \left[(1-\rho^m)+\rho^m S(\varphi)^{-\varepsilon}\right](1-\alpha)\left(\frac{\tau c_s x}{\alpha P_s}\right)^{1-\varepsilon}\theta_s Y_d - F_e \qquad (9-7)$$

梅里兹（Melitz，2003）提出，出口企业存在生产率决定的零边界利润条件，即存在某一生产率水平 ϑ^*，使得 $E(\pi(\vartheta^*))=0$。企业的生产率水平只有高于 ϑ^* 才会选择出口，因为只有生产率水平较高的企业才有能力获得足够的利润抵消进入国际市场所需的沉没成本。因此，根据式（9－7）可以得到：

$$E(\pi(\vartheta^*)) = \left[(1-\rho^m)+\rho^m S(\varphi)^{-\varepsilon}\right](1-\alpha)\left(\frac{\tau c_s \vartheta^*}{\alpha P_s}\right)^{1-\varepsilon}\theta_s Y_d - F_e = 0 \qquad (9-8)$$

对式（9－8）求导得到，$\partial\vartheta^*/\partial\varphi<0$，$\partial^2\vartheta^*/\partial\varphi\partial m>0$，这表明基础设施水平越高，对出口企业的生产率水平要求越低，降低了企业出口的门槛，从而提高了企业出口的参与度；对技术复杂度越高的企业，基础设施对其出口参与度的影响越大。因此，可以得到本章的假说 2。

假说 2：基础设施水平越高，对于复杂度越高的企业，其出口参与度越大，从而使该国出口更多高技术含量的产品。

由假说 1 和假说 2 可知，基础设施水平越高，企业的出口规模越大、出口复杂度越高，下文将从实证角度检验以上两种假说。

9.2 基础设施投资的出口规模效应

9.2.1 模型、变量选取与数据来源

1. 模型的设定

为了检验基础设施投资的出口规模效应,计量模型设定为如下形式:

$$\ln \text{Export}_{it} = \alpha_0 + \alpha_1 \ln \text{Infra}_{it} + \sum_j \beta_{jit} X_t + \mu_t + \gamma_i + \varepsilon_{it} \quad (9-9)$$

其中,Export 为企业出口总额,Infra 为基础设施投资,X 为其他控制变量,μ 为时期固定效应,γ 为个体固定效应,ε 为误差项。

2. 变量选取与数据来源

本章样本选取"金砖四国"1995~2013 年的年度数据。变量选取及数据来源如下:

被解释变量为出口规模(Export)。出口规模(Export)选取"金砖四国"出口总额来表示。数据来源于世界银行发展指标。

主要解释变量为基础设施投资(Infra)。现有各类统计资料均无基础设施投资总额这一指标数据。1994 年,世界银行将基础设施划分为经济基础设施和社会基础设施,前者是指长期使用的工程构筑、设备、设施以及其为经济生产和家庭所提供的服务;后者是指教育、卫生保健和环境保护等。[①] 鉴于数据的可获得性,经济基础设施投资选取"电力、天然气及供水""陆地运输""水运""航空""其他辅助运输"和"邮电"等行业的固定资本形成总额;社会基础设施投资选取"教育"和"医疗卫生"等行业的固定资本形成总额。基础设施投资为经济基础设施和社会基础设施投资总额。数据来源于世界投入产出表。部分年

---

① World Bank. World Development Report 1994:Infrastructure for Development [M]. Oxford:University Press,1994.

份缺失数据采用多项式拟合补充，拟合优度均在95%以上。

控制变量（X）。控制变量（X）选取贸易开放度（Open）、外商直接投资（FDI）、人口规模（POP）和实际有效汇率（REER）。贸易开放度（Open）选取进出口总额占 GDP 比重来衡量，数据来源于《世界银行发展指标》；外商直接投资（FDI）采用外商直接投资存量占 GDP 的比重来衡量，数据来源于联合国贸发会议数据库（UNCTAD Database）；人口规模（POP）选取年末人口总额来表示，数据来源于《世界银行发展指标》；实际有效汇率（REER）选取国家间相对价格调整的实际有效汇率来衡量，数据来源于《各国宏观经济指标宝典》（BVD—EIU Country Data）。

9.2.2 实证结果和分析

为了避免伪回归，需要对模型中各变量数据的平稳性进行检验。本文采用面板数据的 LLC 单位根检验方法来判断各变量的平稳性。检验结果表明，各变量同为一阶单整序列。且 Pedroni 检验和 Kao 检验均表明出口规模与各解释变量之间存在协整关系。因此，可以对模型（9-9）进行回归分析。

本章运用 EViews 7.0 对样本数据进行 F 统计量检验。计算得到：$F_1 = 13.020 > F_{0.01}(15, 42)$，$F_2 = 25.339 > F_{0.01}(18, 42)$。统计量 F_1 和 F_2 的值均大于临界值，所以本文样本数据符合变系数模型。同时，Hausman 统计值为 45.900，表明面板数据模型为个体固定效应模型。

综上分析，本章应在 1% 的统计水平下建立变系数固定效应模型，估计结果如表 9-1 所示。

表 9-1   "金砖四国"基础设施投资的出口规模效应结果估计

	被解释变量 lnExport			
	巴西	中国	印度	俄罗斯
lnInfra	0.288 *** (2.786)	0.665 *** (4.008)	0.404 ** (2.578)	0.412 *** (6.340)

续表

	被解释变量 lnExport			
	巴西	中国	印度	俄罗斯
Open	0.043 *** (3.329)	0.016 *** (3.975)	0.029 *** (4.615)	0.036 *** (6.49)
FDI	0.943 *** (3.430)	0.775 * (1.873)	1.031 *** (2.479)	1.084 *** (4.993)
REER	− 0.051 (− 0.956)	− 0.051 *** (− 3.453)	− 0.007 (− 0.462)	− 0.002 (− 0.672)
lnPOP	4.980 *** (4.993)	3.468 (0.734)	1.376 * (1.754)	− 10.461 *** (− 2.864)
常数项	1.783	4.165	15.324	15.536
调整后的 R^2	0.997			

注：该表估计通过 EViews 7.0 实现；＊、＊＊ 和 ＊＊＊ 分别表示 10%、5% 和 1% 的显著性水平；括号内的值为 t 统计值。

从表 9 - 1 可以看出，"金砖四国"基础设施投资的出口规模效应均显著为正，符合理论预期。该四国基础设施投资的出口规模效应由大到小依次为中国（0.665）、俄罗斯（0.412）、印度（0.404）和巴西（0.288）。"金砖四国"基础设施投资的出口规模效应可能与本国基础设施投资额有直接关系。1995～2013 年，中国基础设施年均投资额为 268.399 亿美元，是巴西的 10 倍、印度的 4 倍、俄罗斯的 5 倍，因而，中国基础设施投资的出口规模效应最大。俄罗斯和印度基础设施的年均投资额比较接近，分别为 58.581 亿美元和 64.141 亿美元，因此，两国的基础设施投资的出口规模效应也比较接近。巴西基础设施年均投资额仅为 23.988 亿美元，其出口规模效应也最小。

下面，将分别从能源（So：包括电力、天然气和供水）、交通（Trans：包括陆地运输、水运、航空和其他辅助运输）、通信（Infor）、教育（Edu）和卫生（Ws）五方面来分析不同类型基础设施投资的出口规模效应。基于该部分的研究目的，表 9 - 2 仅报告了上述五种类型基础设施投资的弹性，并未列示其他控制变量的弹性。

表 9 - 2　　　　"金砖四国"不同类型基础设施投资的出口规模效应结果估计

	被解释变量 lnExport			
	巴西	中国	印度	俄罗斯
lnSo	0.298 * (1.779)	0.571 *** (2.769)	0.321 ** (2.187)	0.437 *** (5.401)
lnTrans	0.233 ** (2.117)	0.764 *** (3.515)	0.209 ** (2.077)	0.336 *** (4.379)
lnInfor	0.191 * (1.709)	0.532 *** (3.017)	-0.051 (-0.809)	0.167 * (1.716)
lnEdu	0.141 (1.470)	0.285 (1.429)	0.129 (0.867)	0.425 (1.054)
lnWs	0.168 (1.567)	0.447 (1.329)	0.199 (1.467)	0.458 (1.025)

注：该表估计通过 EViews 7.0 实现；*、** 和 *** 分别表示 10%、5% 和 1% 的显著性水平；括号内的值为 t 统计值。

从表 9 - 2 可以看出，"金砖四国"不同类型基础设施投资的出口规模效应不同。能源基础设施投资的出口规模效应均显著为正，由大到小的国家依次为中国（0.571）、俄罗斯（0.437）、印度（0.321）和巴西（0.298）。作为物质生产资料，丰富的能源能够为企业扩大生产规模提供物质保障，生产更多产品，从而促进企业出口规模的提高。交通基础设施投资的出口规模效应也均显著为正，由大到小的国家依次为中国（0.764）、俄罗斯（0.336）、巴西（0.233）和印度（0.209）。众所周知，交通基础设施的提高能降低企业生产成本，交通基础设施投资的增加既能增加企业选择出口的概率，又能提高企业出口产品的数量。[1]印度通信基础设施投资的出口规模效应为负，但不显著。可能的原因是，印度通信基础设施投资占基础设施投资总额的比重较低，且存量的比重呈下降趋势。印度通信基础设施投资存量所占比重由 2001 年的

[1] 王永进，盛丹，施炳展，李坤望. 基础设施如何提升了出口技术复杂度 [J]. 经济研究，2010 (7)：103 - 116.

13.373%下降到 2011 年的 10.823%。除印度之外的其他三国通信基础设施的出口规模效应均显著为正，由大到小的国家依次是中国（0.532）、巴西（0.191）和俄罗斯（0.167）。教育和卫生基础设施的出口规模效应均为正，但均不显著，说明社会基础设施投资的增加并不能带动出口规模的提高。

9.3 基础设施投资的出口复杂度效应

9.3.1 模型、变量选取与数据来源

1. 模型的设定

为了检验基础设施投资的出口复杂度效应，本章计量模型设定为如下形式：

$$\ln Exco_{it} = \omega_0 + \omega_1 \ln Infra_{it} + \sum_j \varphi_{jit} X_t + \mu_t + \gamma_i + \varepsilon_{it} \qquad (9-10)$$

其中，Exco 为企业出口复杂度，Infra 为基础设施投资，X 为其他控制变量，μ 为时期固定效应，γ 为个体固定效应，ε 为误差项。

2. 变量选取与数据来源

被解释变量与测算。实证模型的被解释变量为出口复杂度（Exco）。Hausman 等提出了出口复杂度的测算方法，其具体计算步骤为：首先，测算出每一种出口商品的复杂度，其计算公式为 $TSI_k = \sum_i \dfrac{x_{ik}/X_i}{\sum_i (x_{it}/X_i)} Y_i$，

k 为出口的商品种类，i 为国家，x_{ik} 为国家 i 的商品 k 出口总额，X_i 为国家 i 的出口总额，Y_i 为国家 i 的实际人均 GDP；其次，计算出一国总体水平的出口技术复杂度，其计算公式为 $SX_i = \sum_k \dfrac{x_{ik}}{X_i} TSI_k$。借鉴豪斯曼等（Hausman et al.，2007）的方法，可测算"金砖四国"出口复杂度。

本章计算 1995~2013 年"金砖四国"的出口复杂度。商品出口贸易数据来源于联合国电力系统瞬态数据交换通用格式（COMTRADE）数据库中的 HS92 两位数分类贸易统计数据，人均 GDP 数据来源于世界银行发展指标。

主要解释变量。基础设施投资（Infra）为实证模型的主要解释变量。基础设施投资选取"电力、天然气及供水""陆地运输""水运""航空""其他辅助运输""邮电""教育"和"医疗卫生"等行业的固定资本形成总额。数据来源于世界投入产出表。

其他控制变量。外商直接投资、贸易开放度和市场规模等因素是影响出口复杂度的重要因素。①② 故本章将外商直接投资、贸易开放度和市场规模作为控制变量纳入模型中。外商直接投资（FDI）采用外商直接投资存量占 GDP 的比重来衡量，数据来源于联合国贸发会议数据库（UNCTAD Database）；贸易开放度（Open）选取进出口总额占 GDP 比重来衡量，数据来源于世界银行发展指标；市场规模采用人口规模（POP）来衡量，选取年末人口总额来表示，数据来源于世界银行发展指标。

9.3.2　实证结果与分析

本文对各变量进行协整检验和 F 检验。检验结果表明，各变量之间存在协整关系，满足建立经济计量模型的条件，样本数据适合变系数模型。

从表 9-3 可以看出，"金砖四国"基础设施投资的出口复杂度效应均显著为正，由大到小的国家依次为俄罗斯（0.356）、巴西（0.354）、中国（0.286）和印度（0.276）。虽然中国的基础设施投资水平最高，但中国基础设施投资的出口复杂度效应较小。可能原因是，中国出口贸易主要以加工贸易为主，从事加工贸易的企业多为劳动密集

①　Xu B, Lu J. Foreign Direct Investment, Processing Trade, and China's Export Sophistication [J]. China Economic Review, 2009, 20 (12): 425-439.

②　王永进, 盛丹, 施炳展, 李坤望. 基础设施如何提升了出口技术复杂度 [J]. 经济研究, 2010 (7): 103-116.

型，对技术创新与生产效率提高不够重视。张晋（2012）认为，更多的基础设施供给可能导致其出口贸易粗放型增长。

表9-3　　　　"金砖四国"基础设施投资的出口复杂度效应结果估计

	被解释变量 lnExco			
	巴西	中国	印度	俄罗斯
lnInfra	0.354 *** (10.067)	0.286 *** (8.470)	0.276 * (1.925)	0.356 *** (15.551)
Open	0.023 *** (5.292)	0.005 *** (3.032)	0.001 *** (1.960)	0.006 *** (2.126)
FDI	-0.012 (-0.416)	0.004 (0.380)	-0.009 (-0.750)	0.002 (0.981)
lnPOP	1.120 *** (16.022)	0.847 *** (10.759)	0.973 *** (5.187)	1.133 *** (17.156)
调整后的 R^2	0.978			

注：该表估计通过 EViews 7.0 实现；*、** 和 *** 分别表示10%、5%和1%的显著性水平；括号内的值为 t 统计值。

为了考察不同类型的基础设施投资对出口复杂度的影响，本章分别从能源（So：包括电力、天然气和供水）、交通（Trans：包括陆地运输、水运、航空和其他辅助运输）、通信（Infor）、教育（Edu）和卫生（Ws）等方面来分析等不同类型的基础设施对出口复杂度的影响。

从表9-4可以看出，"金砖四国"的能源基础设施投资的出口复杂度效应均为正，但不显著，表明能源基础设施投资并不能显著提高出口复杂度，过分依赖资源投入并不能提高产品的技术水平。这一结果与齐俊妍等（2019）的研究结果是一致的。这也印证了"自然资源诅咒"的存在。一方面，企业过多依赖能源，有可能弱化技术创新；另一方面，资源型企业对高技术企业在一定程度上存在挤出效应，资源型企业的扩张不利于出口产品技术的提高和产业升级。"金砖四国"交通和通信基础设施投资的出口复杂度效应均显著为正，前者的出口复杂度效应由大到小的国家依次是俄罗斯、中国、巴西和印度，后者的出口复杂度效应由大到小的国家依次为俄罗斯、巴西、中国和印度，表明交通和通信基础设施投资水平越高，出口复杂度越高，符合理论预期，"金砖四国"教育基础设施的出口复杂度效应差异较大。巴西和俄罗斯的教育基础设施投资的出口复杂度效应均为正，但后者远大于前者。中国和印度教育基础设施投资的出口复杂度效应均不显著。"金砖四国"教育基础设施投资的出口复杂度效应存在差异可能的原因是，巴西和俄罗斯的教育基础设施相对比较完善、教育投入水平较高以及教育成果较为显著。2000~2013年，巴西和俄罗斯公共教育支出占GDP比重均值分别为4.9%和4.5%，中国和印度仅为2.8%和3.5%；2000~2013年，巴西和俄罗斯的中等教育入学率均值分别为103.9%和87.6%，中国和印度仅为70%和57%。巴西和俄罗斯的卫生基础设施投资的出口复杂度效应为正，中国和印度则不显著，可能的原因是，巴西和俄罗斯医疗卫生体系比较完善、发展水平较高，而中国和印度的卫生设施水平相对比较落后，导致其对出口复杂度效应并不显著。

表9-4   "金砖四国"不同类型基础设施投资的出口复杂度效应结果估计

	被解释变量 lnExco			
	巴西	中国	印度	俄罗斯
lnSo	0.317 (0.409)	0.094 (0.646)	0.166 (1.269)	0.393 (0.956)
lnTrans	0.162*** (2.963)	0.221*** (3.764)	0.124*** (1.951)	0.268*** (7.464)
lnInfor	0.124* (1.942)	0.104*** (2.281)	0.036** (1.603)	0.259*** (2.947)
lnEdu	0.087** (2.236)	-0.160 (-1.195)	0.149 (1.352)	0.302*** (8.474)
lnWs	0.252*** (3.499)	0.012 (0.077)	-0.051 (-0.752)	0.351*** (7.401)

注：该表估计通过 EViews 7.0 实现；*、** 和 *** 分别表示10%、5%和1%的显著性水平；括号内的值为 t 统计值。

9.4 结 论

基于新新贸易理论，从理论上探讨了基础设施影响企业出口规模和出口复杂度的微观机制，并提出理论假设。基于理论假设，运用面板数据的变系数模型对理论模型进行了实证检验，测算了"金砖四国"基础设施投资的出口规模效应和出口复杂度效应。结果表明，"金砖四国"基础设施投资的出口规模效应和出口复杂度效应均显著为正，前者由大到小的国家依次为中国（0.571）、俄罗斯（0.437）、印度（0.321）和巴西（0.298），后者由大到小的国家依次为俄罗斯（0.356）、巴西（0.354）、中国（0.286）和印度（0.276）。不同类型基础设施投资的出口规模效应和出口复杂度效应差异较大。具体而言，能源基础设施投资可以提高本国出口规模效应均显著，但出口复杂度效应均不显著，说明"资源诅咒"的存在；交通和通信基础设施的出口规模效应和出口复杂度均显著为正；教育和卫生基础设施的出口效应差异较大，巴西和俄罗斯教育、卫生基础设施投资的出口规模效应不显著，出口复杂度效应则显著为正向，中国和印度的教育、卫生基础设施投资对出口规模效应和技术复杂度均不具有较好的解释力。

第 10 章

结论与政策建议

10.1 结 论

本书通过对已有文献梳理、统计数据收集以及理论分析与实证检验等一系列工作，比较分析了"金砖四国"基础设施投资的溢出效应，本书主要得到以下结论：

（1）"金砖四国"的自然资源和能源比较丰富，是世界重要的能源生产与消费大国。该四国自身的资源和能源特点决定了该四国在能源合作方面具有极大的互补性与广阔的合作空间。"金砖四国"的交通运输方式以公路为主，铁路为辅。近年来，"金砖四国"的移动通信和互联网行业得到快速发展。"金砖四国"的教育水平在不断提高，但政府公共教育支出比例普遍偏低。近年来，"金砖四国"的医疗卫生设施水平得到较大改善与提高，但该四国的医疗卫生设施水平仍存在一定的差距。

（2）"金砖四国"基础设施投资流量和存量存在较大差异。从基础设施投资流量来看，2000~2011年，中国的基础设施投资流量具有绝对的领先优势，其他三国基础设施流量由大到小依次为印度、俄罗斯和巴西。但从基础设施投资流量的增速来看，俄罗斯要快于其他三个国家，印度基础设施投资流量增速是该四国中最慢的。从经济基础设施投资存量来看，俄罗斯的能源和通信基础设施投资存量最高，中国的交通基础设施存量水平最高，而印度的能源、通信和交通基础设施存量水平最低。从社会基础设施投资存量来看，巴西、印度和俄罗斯的教育投入相对较高，中国的教育投入最低；巴西和俄罗斯的教育成果较高，中国的教育成果相对较低，而印度的教育成果最差；俄罗斯的教育质量水平最高，其次，依次为中国、巴西和印度。"金砖四国"公共医疗卫生支出占 GDP 比重、医疗卫生设施普及率存在差异。巴西和俄罗斯的公共医疗卫生支出占 GDP 比重较高，因此，巴西和俄罗斯的医疗卫生设施普及率较高；虽然中国医疗卫生设施普及率的增长速度最快，但其公共医疗卫生支出水平及医疗卫生设施普及率相对较低；印度的公共医疗卫生支出占 GDP 比重和医疗卫生普及率均处于"金砖四国"的最低水平。

（3）本书运用经济计量模型对"金砖四国"基础设施投资的资本形成、经济增长、技术溢出、企业生产成本节约、产业带动和出口效应进行比较研究，主要研究结论如下：

①基础设施投资的资本形成效应包括直接效应和间接效应。从直接效应来看，2000～2011 年，"金砖四国"基础设施投资的直接资本形成效应由大到小的国家依次为俄罗斯、印度、中国和巴西，且"金砖四国"的经济基础设施资本形成的直接效应远大于社会基础设施资本形成的直接效应。从间接效应来看，"金砖四国"基础设施投资对其国内私人资本形成均具有显著的挤入效应，挤入效应由大到小的国家依次为巴西、中国、印度和俄罗斯；"金砖四国"不同类型的基础设施投资对私人资本形成的影响不同，除巴西教育基础设施投资外，其他类型的基础设施投资对私人资本形成均具有显著的促进作用。

②"金砖四国"基础设施投资对经济增长存在显著的正效应，经济基础设施的经济增长效应高于社会基础设施的经济增长效应，后者通过前者的传导间接地促进经济增长。"金砖四国"基础设施投资对经济增长的贡献率差别较大，其贡献度由大到小依次为 66.878%（印度）、62.573%（巴西）、56.851%（俄罗斯）和 33.570%（中国）。不同类型的基础设施对"金砖四国"经济增长的贡献由大到小依次为通信基础设施（且差距较大）、能源基础设施、教育基础设施、交通基础设施和卫生环境基础设施。

③"金砖四国"的基础设施投资对全要素生产率存在显著影响，

其中,能源、交通、通信和教育基础设施对全要素生产率具有显著的促进作用,卫生基础设施对全要素生产率具有负的溢出效应。"金砖四国"基础设施投资技术溢出效应主要表现为基础设施投资对本国全要素生产率的直接溢出效应;全要素生产率的空间溢出效应显著,但空间溢出效应较小。在各类基础设施中,总体偏效应由大到小依次为,教育基础设施、交通基础设施、通信基础设施、能源基础设施和卫生基础设施。

④基础设施投资对企业生产成本节约具有正的外部性,即降低"金砖四国"企业生产的平均成本。"金砖四国"基础设施投资的企业生产成本节约效应由大到小的国家依次为俄罗斯、中国、印度和巴西。"金砖四国"基础设施投资对企业劳动力和资本投入要素需求的影响不同。"金砖四国"的劳动力需求弹性为正,表明基础设施对企业劳动力投入具有互补效应,即基础设施投资能增加企业对劳动力的需求,从而提高就业率。该效应由大到小的国家依次为俄罗斯、印度、巴西和中国。巴西、中国和俄罗斯的资本要素投入具有负弹性,基础设施对资本要素投入存在替代效应,即基础设施投资的增加能降低企业资本要素的投入量,而印度资本要素需求弹性为正,印度的基础设施对企业资本投入存在互补效应,可能原因是印度的基础设施投资存量水平较低。

⑤从"金砖四国"基础设施投资产业拉动效应的实证研究结果可知:"金砖四国"基础设施投资对产业的带动效应值由大到小依次为8.103(中国)、7.791(俄罗斯)、4.889(印度)和4.395(巴西)。"金砖四国"基础设施投资对不同产业的带动效应差异较大:巴西基础设施投资对租赁业及其他商业活动的带动效应最大;中国基础设施投资对化学原料及化学制品业带动效应最大;印度基础设施投资对石油、炼焦及核燃料加工业带动效应最大;俄罗斯的基础设施投资对电器机械及器材制造业的带动效应最大。总体而言,"金砖四国"的基础设施投资与第一产业的关联度较小、与能源、资源型产业和初级产品加工业的第二产业的关联度较高、与服务型的第三产业关联度较低,即"金砖四国"基础设施投资对第一产业的带动效应较小、第二产业的带动效应较高、对服务型第三产业的带动效应不高、类型较少。

⑥"金砖四国"基础设施投资的出口规模效应和出口复杂度效应

均显著为正，前者由大到小的国家依次为中国（0.571）、俄罗斯（0.437）、印度（0.321）和巴西（0.298），后者由大到小的国家依次为俄罗斯（0.356）、巴西（0.354）、中国（0.286）和印度（0.276）。不同类型基础设施投资的出口规模效应和出口复杂度效应差异较大。具体而言，能源基础设施投资可以提高本国出口规模效应均显著，但出口复杂度效应均不显著，说明"资源诅咒"的存在；交通和通信基础设施的出口规模效应和出口复杂度均显著为正；教育和卫生基础设施的出口效应差异较大，巴西和俄罗斯教育、卫生基础设施投资的出口规模效应不显著，出口复杂度效应则显著为正向，中国和印度的教育、卫生基础设施投资对出口规模效应和技术复杂度均不具有较好的解释力。

10.2　政策建议

基于上述研究结论，本书提出以下政策建议：

1. 继续加大基础设施投资，促进经济结构转型与产业升级

基础设施投资是"金砖四国"实现经济转型和产业结构升级的重要途径。正如前文所分析，基础设施投资对资本形成、经济增长、技术溢出、企业生产成本节约、产业带动和出口均具有重要影响，所以，"金砖四国"应继续加大对基础设施投资力度。具体而言，可以从以下方面着手：

第一，对于能源型基础设施投资，公共财政仍是主要的资金来源。能源型基础设施如电力、水及卫生设备是保障人民生活和生产的重要物质基础。但是，资源型基础设施具有一定的非竞争性和非排他性。因此，这类基础设施的私人投资较少，政府应该成为这类基础设施投资的主体。政府可以有步骤、有重点地加大资源型基础设施投资与建设，保障居民基本生活。

第二，对于交通基础设施，政府可以鼓励建立多种投资渠道，吸引不同主体参与交通基础设施建设。交通基础设施投资的资金需求大、回报周期长。这类基础设施投资将面临较大的融资压力。政府可以通过相关政策的支持和激励，广泛发动各类金融机构积极参与交通基础设施建设。

第三，对通信基础设施投资，政府应该鼓励和扶持民营企业投资。通信基础设施属于技术密集型行业，该行业的投资能带来产品的价值增值、巨额的投资回报和竞争优势。因此，通信基础设施投资应成为基础设施投资领域的重点项目。具体而言，通过制定优先发展通信基础设施的产业政策，降低通信行业的垄断程度和投资限制，吸引各类资本向通讯行业倾斜。同时，进一步提高通信基础设施的覆盖率和使用率，充分发挥通信基础设施的网络溢出效应。

第四，对教育和卫生基础设施，政府仍是投资的主体。教育和卫生基础设施的投资回报率较低，必然导致这一领域的私人投资不足，政府应该是教育和卫生基础设施投资的主体。根据前文的分析，卫生基础设施对技术溢出和出口技术复杂度的影响并不显著，但该类基础设施投资对社会福利的提高具有非常重要的作用，有利于促进社会和谐与稳定。因此，政府应该考虑如何科学确定经济基础设施与社会基础设施之间的投资比例。在社会资源局限的条件下，政府应科学确定经济基础设施与社会基础设施之间的投资比例，进一步发挥经济基础设施投资对经济增长的促进作用，充分挖掘社会基础设施促进经济增长的潜力。

2. 选择合理目标模式，建设和发展基础设施

根据前文分析可知，"金砖四国"的基础设施对第一产业的拉动效应较小、对能源、资源型产业以及初级产品加工业的带动效应较高、对服务型产业带动的效应不高、带动类型较少。因此，"金砖四国"基础设施发展应致力于选择合理的目标模式，由目前物质资本消耗型转向服务带动型，即基础设施在产业链中的地位和作用由供给推动转向供需双向带动作用。重点可以从以下两方面入手：一是优化基础设施投资、促进产业自身升级；二是优化基础设施与相关产业的结构，保障产业链的顺畅。

3. 加强"金砖四国"之间的合作，促进区域经济一体化

在生产要素流动速度不断加快的经济全球化背景下，为更好地推进区域经济的发展，"金砖四国"应加强科技、经济、基础设施等多领域的合作与交流，促进各国资源互补、优势互补，实现互利共赢的格局，进一步推动区域经济一体化。具体而言,"金砖四国"不同类型的基础设施各自具有相对优势,例如巴西的医疗卫生设施、中国的交通基础设施、印度的信息软件设施和俄罗斯的能源基础设施,该四国通过发挥本国的比较优势,加大优势领域的相互投资、加强技术交流与合作,促进经济共同发展。

4. 推动基础设施的互联互通,促进跨国、跨区域基础设施建设

基础设施的互联互通对全球贸易和经济增长具有非常重要的作用。实现基础设施的互联互通可以为资本、劳动、技术等生产要素的跨境流动提供极大便利,进而促进各国经贸合作和区域内经济融合。"金砖四国"应务实基础设施的联动发展,加快推进基础设施的互联互通,具体可以考虑以下几个方面:一是推动多边开发银行联合意愿声明,加大对基础设施项目的资金投入和智力支出;二是推动基础设施投资的金融工具创新;三是鼓励私营部门参与到基础设施投资项目中。

参 考 文 献

［1］边志强．网络基础设施的溢出效应及作用机制研究［J］．山西财经大学学报，2014（8）：72－80．

［2］博文广．外部性于产业增长——来自中国省级面板数据的检验［J］．中国工业经济，2007（1）：37－44．

［3］陈庆保．基础设施涵义的演化［J］．东南大学学报，2007（9）：104－105．

［4］戴翔．服务贸易出口技术复杂度与经济增长——基于跨国面板数据的实证分析［J］．财经研究，2011（3）：57－68．

［5］董秀良，薛丰慧，吴仁水．我国财政支出对私人投资影响的实证分析［J］．当代经济研究，2006（5）：65－68．

［6］樊纲，王小鲁．中国经济增长的可持续性——跨世纪的回顾与展望［M］．北京：经济科学出版社，2000．

［7］范祚军，常雅丽，黄立群．国际视野下最优储蓄率及其影响因素测度——基于索洛经济增长模型的研究［J］．经济研究，2014（9）：20－33．

［8］郭晶，杨艳．经济增长、技术创新与我国高技术制造业出口复杂度研究［J］．国际贸易问题，2010（12）：91－96．

［9］郭庆旺，贾俊雪．中国全要素生产率的估算：1979—2004［J］．经济研究，2005（6）：51－60．

［10］韩仁月，常世旺，段超．中国省级公共投资对私人投资的动态效应研究［J］．财贸研究，2009，20（6）：63－69．

［11］胡永泰．中国全要素生产率：来自农业部门劳动力再配置的首要作用［J］．经济研究，1998（3）：31－39．

［12］胡玉顺．中国教育问题面面观［J］.21世纪，1996（6）：1－3．

［13］黄玖立，黄俊立.市场规模与中国省区的产业增长［J］.经济学（季刊），2008（7）：1317－1334.

［14］黄玖立，冼国民.人力资本与中国省区的产业增长［J］.世界经济，2009（5）：27－40.

［15］黄永明，张文洁.中国出口复杂度的测度与影响因素分析［J］.世界经济研究，2011（12）：59－64.

［16］贾康.我国财政政策的简要回顾与效应评析［J］.财经论丛，2003（1）：26－36.

［17］姜立刚，王伟.金砖国家一类卫生体制对中国医改的启示［J］.当代经济研究，2014（3）：38－41.

［18］姜轶嵩，朱喜.中国的经济增长与基础设施建设［J］.管理论坛，2004（16）：57－61.

［19］蒋冠宏，蒋殿春.基础设施、基础设施依赖于产业增长——基于中国省区行业数据检验［J］.南方经济，2012（11）：116－129.

［20］李国章，张峰.政府投资、经济增长对私人投资的动态效应与区域差异［J］.高等教育与学术研究，2009（9）：67－78.

［21］李平，王春晖，于国才.基础设施与经济发展的文献综述［J］.世界经济，2011（5）：93－116.

［22］李胜文，李大胜.中国工业全要素生产率的波动：1986—2005——基于细分行业的三投入随机前沿生产函数分析［J］.数量经济技术经济研究，2008（5）：43－54.

［23］李霞，邵建春.我国出口技术复杂度的经济增长效应研究——基于制成品与服务贸易视角的实证比较分析［J］.科技与经济，2015，28（5）：66－70.

［24］廖楚晖，刘鹏.中国公共资本对私人资本替代关系的实证研究［J］.数量经济技术经济研究，2005，22（7）：35－43.

［25］刘秉廉，武鹏，刘玉海.交通基础设施与中国全要素生产率增长——基于省域数据的空间面板计量分析［J］.中国工业经济，2010（3）：54－64.

［26］刘龙生，胡鞍钢.基础设施的外部性在中国的检验：1988—2007［J］.经济研究，2010（3）：4－15.

[27] 刘生龙，鄢一龙，胡鞍钢．公共投资对私人投资的影响：挤出还是引致．学术研究，2015（11）：64-73.

[28] 刘生龙，鄢一龙，胡鞍钢．偏离最优公共—私人投资比对经济增长的影响［J］．中国工业经济，2019（1）：43-61.

[29] 刘阳，秦凤鸣．基础设施规模与经济增长：基于需求角度的分析［J］．世界经济，2009（5）：18-26.

[30] 刘勇．交通基础设施投资、区域经济增长及空间溢出作用——基于公路、水运交通的面板数据分析［J］．中国工业经济，2010（12）：37-46.

[31] 刘建国，张文忠．中国区域全要素生产率的空间溢出关联效应研究［J］．地理科学，2014（34）：522-530.

[32] 娄洪．公共基础设施投资与长期经济增长［M］．北京：中国财政经济出版社，2003.

[33] 马栓友．财政政策与经济增长［M］．北京：经济科学出版社，2003.

[34] 蒙英华，裴瑱．基础设施对服务出口品质的影响研究［J］．世界经济研究，2013（12）：32-40.

[35] 茹玉骢．基础设施供给、产业异质性与比较优势［J］．国际贸易问题，2015（7）：12-24.

[36] Sharipov F F, Rodionov A N. 俄罗斯的基础设施 PPP 模式现状与前景［J］．北方经贸，2015（14）：21-22.

[37] 盛丹，包群，王永进．基础设施对中国企业出口行为的影响："集约边际"还是"扩展边际"［J］．世界经济，2011（1）：17-36.

[38] 盛丹，王永进．市场化、技术复杂度与中国省级区域的产业增长［J］．世界经济，2011（6）：26-47.

[39] 世界银行．2008年世界发展指标［M］．北京，中国财政经济出版社，2008.

[40] 唐东波．挤入还是挤出：中国基础设施投资对私人投资的影响研究［J］．金融研究，2015（8）：31-45.

[41] 涂涛涛．外商直接投资对中国企业创新的外溢效应研究：基于垂直联系的视角［J］．南方经济，2009（7）：16-26.

［42］王国军，刘水杏．房地产对相关产业的带动效应研究［J］．经济研究，2004（8）：38－47．

［43］王检．巴西教育公共服务对我国教育公共服务发展的启示［J］．求实，2010（1）：291－292．

［44］王任飞，王进杰．基础设施与中国经济增长：基于 VAR 方法的研究［J］．2007（3）：13－21．

［45］王小利．我国 GDP 长期增长中公共支出效应的实证分析［J］．财经研究，2005（4）：122－132．

［46］王轩，毕峥筝，黄玖立．FDI 行业间溢出和省区产业增长［J］．南方经济，2012（5）：16－26．

［47］王永进，盛丹，施炳展，李坤望．基础设施如何提升了出口技术复杂度［J］．经济研究，2010（7）：103－116．

［48］魏下海．基础设施、空间溢出与区域经济增长［J］．经济评论，2010（4）：81－89．

［49］吴春燕．印度教育的发展与印度现代化［D］．福州：福建师范大学硕士学位论文，2007：1－77．

［50］吴洪鹏，刘璐．挤出还是挤入：公共投资对民间投资的影响［J］．世界经济，2007（2）：13－22．

［51］吴庆．基础设施融资指南［J］．中国投资，2001（1）：55－56．

［52］吴园园．交通基础设施与我国产业结构升级的实证研究［J］．江苏商论，2014（34）：82－83．

［53］郗恩崇，徐智鹏，张丹．中国基础设施投资的全要素生产率效应研究［J］．统计与决策，2013（23）：137－140．

［54］冼国明，徐清．劳动力市场扭曲是促进还是抑制了 FDI 的流入［J］．世界经济，2013，（9）：25－48．

［55］杨红．基于出口复杂度的金砖五国服务贸易技术结构及演进研究［J］．当代经济管理，2015（37）：51－55．

［56］杨孟禹，张可云．城市基础设施建设与产业结构升级的外部效应［J］．天津财经大学学报，2015（3）：3－13．

［57］于诚，黄繁华，孟凡峰．服务贸易出口复杂度的影响因素研

究——基于"成本发现"模型的考察 [J]. 经济问题探索, 2015 (2): 54-62.

[58] 于长革. 政府公共投资的经济效应分析 [J]. 财经研究, 2006 (2): 30-41.

[59] 张光南, 陈广汉. 基础设施投入的决定因素研究: 基于多国面板数据的分析 [J]. 世界经济, 2009 (3): 34-44.

[60] 张光南, 洪国志, 陈广汉. 基础设施、空间溢出与制造业成本效应 [J]. 经济学季刊, 2013 (13): 285-304.

[61] 张光南, 朱宏佳, 陈广汉. 基础设施对中国制造业企业生产成本和投入要素的影响——基于中国 1998—2005 年 27 个制造业行业企业的面部数据分析 [J]. 统计研究, 2010, 27 (6): 46-56.

[62] 张浩然, 衣保中. 基础设施、空间溢出与区域全要素生产率 [J]. 经济学家, 2012 (2): 61-67.

[63] 张晋. 经济性基础设施与出口产品技术提升研究——基于我国省际面板数据的 GMM 实证 [D]. 杭州: 浙江工商大学, 2012: 57-69.

[64] 张军, 高远, 傅勇, 张弘. 中国为什么拥有了良好的基础设施? [J]. 经济研究, 2007 (3): 4-19.

[65] 张军, 吴桂英, 张吉鹏. 中国省级物质资本存量估算: 1951—2000 [J]. 经济研究, 2004 (10): 35-44.

[66] 张勇, 古明明. 公共投资能否带动私人投资: 对中国公共投资政策的再评价 [J]. 世界经济, 2011 (2): 119-134.

[67] 王丽辉. 基础设施概念的演绎与发展 [J]. 中外企业家, 2010 (2X): 28-29.

[68] 章祥荪, 贵斌威. 中国全要素生产率分析: Malmquist 指数法评述与应用 [J]. 数量经济技术经济研究, 2008 (6): 112-121.

[69] 郑群峰, 王迪. 中国政府投资挤出（挤入）效应空间计量研究 [J]. 财贸研究, 2011 (3): 69-78.

[70] 郑世林, 周黎安, 何维达. 电信基础设施与中国经济增长 [J]. 2014 (5): 77-90.

[71] 中国社会科学院工业经济研究所课题组. 基础设施与制造业

发展关系研究 [J]. 经济研究, 2002 (2): 37 - 47.

[72] 周端明. 技术进步、技术效率与中国农业生产率增长——基于 DEA 的实证分析 [J]. 数量经济技术经济研究, 2009 (12): 70 - 82.

[73] Aaron, Henry J. "Discussion", in Alicia H. Munnell, ed. Is there a shortfall in public capital investment. Boston, MA: Federal Reserve Bank of Boston, 1990: 51 - 63.

[74] Anwar Shah. Dynamics of Public Infrastructure, Industrial Productivity and Profitability [J]. Economics and Statistics, 1992, 74 (1): 28 - 36.

[75] Aschauer D A. The Equilibrium Approach to Fiscal Policy [J]. Money Credit and Banking, 1986, 20 (20): 41 - 62.

[76] Aschauer D A. Is Public Expenditure Productive? [J]. Monetary Economics, 1989a, 23 (2): 177 - 200.

[77] Aschauer D A. Does Public Capital Crowd Out Private Capital? [J]. Staff Memoranda, 1989b, 24 (2): 171 - 188.

[78] Aschauer D A. "Why is Infrastructure Important?", in A. H. Munnell (ed.), Is there a Shortfall in Public Capital Investment [J]. Federal Reserve Bank of Boston, Boston, Massachuetts, United States, 1990.

[79] Atukeren E. Interactions between Public and Private Investment: Evidence from Developing Countries [J]. Kyklos, 2005, 58 (3): 307 - 330.

[80] Balazs E, Tomasz K, Douglas S. "Infrastructure and Growth: Empirical Evidence" [J]. Cesifo Working Paper, 2009: 2700.

[81] Barro R J, Grossman H J. Money, Employment and Inflation [M]. Cambridge: Cambridge University Press, 1976.

[82] Barro R J. Government Spending in a Simple Model of Endogenous Growth [J]. Political Economy, 1990, 98 (5): 103 - 125.

[83] Barth J R and Cordes J J. Sustainability, Complementarity and the Impact of Government Spending on Economic Activity [J]. Economic and Business, 1998, 3: 235 - 242.

［84］ Batina R G. "The Effects of Public Capital on the Economy" [J]. Public Finance and Management, 2014: 1.

［85］ Batisse C. "Dynamic Externalities and Local Growth: A Panel Data Analysis Applied to Chinese Provinces" [J]. China Economic Review, 2001: 13 (2–3): 231–251.

［86］ Becker G. Human Capital: A Theoretical and Empirical Analysis, with Special Reference to Education [M]. Chicago: The University of Chicago Press, 1964.

［87］ Behar A, Venables A J. Transport Costs and International Trade. Handbook of transport economics [M]. Cheltenham: Edward Elgar, 2011.

［88］ Belloc M, Vertova P. Public Investment and Economic Performance in Highly Indebted Poor Countries: An Empirical Assessment [J]. International Review of Applied Economics, 2006, 20 (2): 151–170.

［89］ Benhabib J, Mark M S. The Role of Financial Development in Growth and Investment [J]. Economic Growth, 2000, 5 (1): 341–360.

［90］ Blance S R. Infrastructure investment and Growth: Some Empirical Evidence [J]. Contemporary Economic Policy, 1998, 16 (1): 98–108.

［91］ Boscá J E, Escribá J, Murgui M J. The Effect of Public Infrastructure on the Private Productive Sector of Spanish Regions [J]. European Regional Science Association, 2000, 42 (2): 301–326.

［92］ Bougheas S, Demetriades P O, Morgenroth E L. Infrastructure, Transport Costs and Trade [J]. International Economics, 1999, 47: 189–196.

［93］ Brenneman A, Kerf M. Infrastructure and Poverty Linkages: A Literature Review [J]. World Bank, 2002.

［94］ Brox J A, Fader C A. Infrastructure Investment and Canadian Manufacturing Productivity [J]. Applied Economics, 2005, 37 (11): 1247–1256.

［95］ Calderón C, Moral–Benito E, Servén L. Is Infrastructure Capital Productive? [J]. A Dynamic Heterogeneous Approach, Applied Econometrics, 2011, 156 (2): 1 – 34.

[96] Charles R H, Esra B, Sylaja S. Infrastructure, Externalities, and Economic Development: A Study of the Indian Manufacturing Industry [J]. World Bank Economic Review, 2006, 20 (2): 291 – 308.

[97] Chor S H. Public Capital and Economic Growth [J]. The Economic Record, 1997, 73 (221): 125 – 135.

[98] Cohen J P, Morrison C J. Public Infrastructure Investment, Interstate Spatial Spillovers, and Manufacturing Costs [J]. Economics and Statistics, 2004, 86 (2): 551 – 560.

[99] Demurger S. Infrastructure and Economic Growth: An Explanation for Regional Disparities in China? [J]. Comparative Economics, 2001, 29 (1): 95 – 117.

[100] Devarajan S, Swaroop V, Zou H. What do Governments Buy? The Composition of Public Spending and Economic Performance [J]. Policy Research Working Paper, World Bank, 1993.

[101] Dixit A, Stiglitz J, Monopolistic Competition and Optimum Product Diversity [J]. American Economic Review, 1977, 67 (3): 297 – 308.

[102] Douglas H E. Public Sector Capital and Prodict Puzzle [J]. Economic Literature, 1994, 32 (3): 1176 – 1196.

[103] Duggal V G, Saltzman C, Klein L R. Infrastructure and Productivity: a Nonlinear Approach [J]. Econometrics, 1999, 92 (1): 47 – 74.

[104] Elhorst J P. Unconditonal Maximum Likehood Estimation of Linear and Log – linar Dynamic Models for Spatial Panels [J]. Geographical Analysis, 2005, 37: 85 – 106.

[105] Esfahani H S, RamíRez M T. Institutions, Infrastructure and Economic Growth [J]. Development Economics, 2003, 70 (2): 443 – 477.

[106] Etsuro S J. Public Capital and Economic Growth: A Convergence Approach [J]. Economic Growth, 2001, 6 (3): 205 – 227.

[107] Ezcurra R, Gil C, Pascual P, Rapun M. Public Capital,

Regional Productivity and Spatial Spillovers [J]. Annals of Regional Science, 2005, 39 (3): 471 – 494.

[108] Fernald J G. Roads to Prosperity? Assessing the Link between Public Capital and Productivity [J]. American Economic Review, 1999, 89 (3): 619 – 638.

[109] Fernández M, Montuenga – Gómez V M. The Effects of Public Capital on the Growth in Spanish Productivity [J]. Contemporary Economic Policy, 2003, 21 (3): 383 – 393.

[110] Francois J, Manchin M. Institutions, Infrastructure, and Trade [D]. World Bank Policy Research Working Paper, 2007.

[111] Gao T. Reginal Industrial Growth: Evidence from Chinese Industrial [J]. Regional Science and Urban Economics, 2004, 34 (1): 101 – 112.

[112] Gramlich E M. Infrastructure Investment: A Review Essay [J]. Economic Literature, 1994, 32 (3): 1176 – 1196.

[113] Hausmann R, Hwang J, Rodrik D. What you export matters? [J]. Economic Growth, 2007, 12 (1): 1 – 25.

[114] Head K, Mayer T. Illusory Border Effects: Distance Mismeasurement Inflates Estimates of Home Bias in Trade [J]. CEPII Working Paper, 2002 (1).

[115] Hirschman A O. The Strategy of Economic Development [M]. New Haven: Yale University Press, 1958.

[116] Hulten C R, Schwab R M. Public Capital Formation and the Growth of Regional Manufacturing Industries [J]. National Tax Journal, 1991, 44 (4): 121 – 134.

[117] Hulten C R, Bennathan E. Infrastructure, Externalities, and Economic Development: A Study of the Indian Manufacturing Industry [J]. World Bank Economic Review, 2006, 20 (2): 291 – 308.

[118] Jarreau J, Poncet S. Export Sophistication and Economic Performance: Evidence from Chinese Provinces [J]. Journal of Development Economics, 2009, 97 (2): 281 – 292.

[119] Kocherlakota N R, Yi K M. A Simple Time Series Test of En-

dogenous vs. Exogenous Growth Models: An Application to the United States [J]. Economics and Statistics, 1996, 75 (1): 126 – 134.

[120] Lan P R, Roberto P. Profitability, Fiscal Policy and Exchange Rate Regimes [J], CEPR Discussion Paper, 1996.

[121] Leipziger D, Fay M, Wodon Q, Yepes T. Achieving the Millennium Development Coals: The Role of Infrastructure [D]. World Bank Working Paper, 2003.

[122] Levin J, Tadelis S. Contracting for Government Services: Theory and Evidence form U. S. Cites [J]. Industrial Economics, 2010, 58 (3): 507 – 541.

[123] Levy H. Rural Roads and Poverty Alleviation in Morocco, Case Study in Scaling Up Poverty Reduction [J]. World Bank, 2004.

[124] Limao N, Venables A J. Infrastructure, Geographical Disadvantage, Transport Costs and Trade [J]. World Bank Economic Review, 2002, 15: 451 – 479.

[125] Lucas R E. On the Mechanics of Economic Development [J]. Monetary Economics, 1988, 22 (1): 3 – 42.

[126] Malmquist S. Index N umbers and Indifference Surfaces [J]. Trabajos de Estadistica, 1953, 4: 2409 – 2421.

[127] Manova K. Credit Constraints, Heterogeneous Firms, and International Trade [J]. Economic Studies, 2011, 80 (2): 711 – 744.

[128] Mary F. Is All Government Capital Productive? [J]. Federal Reserve Bank of Richmond Economic Quarterly, 1993, 79 (4): 53 – 80.

[129] Melitz M J. The Impact of Trade on Intra – industry Reallocations and Aggregate Industry Productivity [J]. Econometrica, 2003, 71 (6): 1695 – 1725.

[130] Mishra S, Lundstrom S, Anand R. Service Export Sophistication and Economic Growth [D]. Policy Research Working Paper, Series, 2011: 5605.

[131] Mody A, Wang F. Explaining Industrial Growth in Coastal China Economic Reform and What Else? [J]. World Bank Economic Review,

1997, 11 (2): 293 - 325.

[132] Moreno R, Enrique LÓpezbazo and Manuel Artís, On the Effectiveness of Private and Public Capital [J]. Applied Economics, 2003, 35 (6): 727 - 740.

[133] Morrison C J, Schwartz A E, State Infrastructure and Productive Performance [J]. American Economic Review, 1996b, 86 (5): 1095 - 1111.

[134] Munnell A H, Infrastructure Investment and Economic Growth [J]. Economic Perspectives, 1992, 6 (4): 189 - 198.

[135] Nadiri M, Isbaq, Mamuneas, Theofanis P. The Effects of Public Infrastructure and R&D Capital on the Cost Structure and Performance of U. S. Manufacturing Industries [J]. Economics and Statistics, 1994, 76 (1): 22 - 37.

[136] Narayan P K. Do Public Investments Crowd Out Private Investments? Fresh Evidence from Fiji [J]. Policy Modeling, 2004, 26 (6): 747 - 753.

[137] Norton S. Transaction Costs, Telecommunications and the Microeconomics of Macroeconomic Growth [J]. Economic Development and Cultural Change, 1992, 41 (1): 175 - 196.

[138] Nurkse R. The Problem of Captal Formation in Less - developed Countries [M]. London: Oxford University Press, 1953.

[139] Odedeoun M O. Relative Effects of Public versus Private Investment Spending on Economic Efficiency and Growth in Developing Countries [J]. Applied Economics, 1997, 29 (10): 1325 - 1336.

[140] Paul S, Sahni B S, Biswal B P. Public Infrastructure and the Productive Performance of Canadian Manufacturing Industries [J]. Southern Economic Journal, 2004, 70 (4): 998 - 1011.

[141] Pedroni P. Fully Modified OLS for Heterogeneous Cointegrated Panels [J]. Advances in Econometrics, 2000, 15: 93 - 130.

[142] Pereira A M. Is All Public Capital Created Equal? [J]. Economics and Statistics, 2000, 82 (3): 513 - 518.

[143] Pritchett L. Mind Your P's and Q's, The Cost of Public Investment Is Not the Value of Public Capital [D]. Policy Research Working Paper No. 1660, 1996.

[144] Ramirez M D. The Impact of Public Investment on Private Investment Spending in Latin America: 1980 – 1995 [J]. Atlantic Economic Journal, 2000, 28 (2): 210 – 225.

[145] Reinikka R, Svensson J. Coping with Poor Public Capital [J]. Development Economics, 2002, 69: 51 – 69.

[146] Rodrik D. What is So Special about China? [J]. China and World Economy, 2006, 14 (5): 1 – 19.

[147] Romer P M. Increasing Returns and Long – Run Growth [J]. Political Economy, 1986, 94 (5): 1002 – 1052.

[148] Romp W, De Haan J. Public Capital and Economic Growth: A Critical Survey, Perspektiven der Wirtschafispolitik, 2007, 8 (S1): 6 – 52.

[149] Rosenstion – Rodan P N. Problems of Industrialization of Eastern and South – Eastern Europe [J]. Economic Journal, 1943, 53 (6): 202 – 211.

[150] Rostow W W. The Stages of Economic Growth: A Non – Communist manifesto [M]. UK: Cambridge University Press, 1960.

[151] Saghir J. Energy and Poverty: Myths, Links, and Policy Issues [D]. World Bank Energy Working Paper, 2005.

[152] Shah, Anwar. Dynamics of Public Infrastructure, Industrial Productivity and Profitability [J]. Economics and Statistics, 1992, 74 (1): 28 – 36.

[153] Shirley C, Winston C. Firm Inventory Behavior and the Returns from Highway Infrastructure Investments [J]. Urban Economics, 2004, 55 (2): 398 – 415.

[154] Smith K. Innovation as a Systemic Phenomenon: Rethinking the Role of Policy [J]. Enterprise and Innovation Management Studies, 2000, 1 (1): 73 – 102.

"金砖四国"基础设施投资溢出效应的比较研究

[155] Steven P, Lansing K J. Optional Fiscal Policy, Public Capital and the Productivity Slowdown [J]. Economic Dynamics and Control, 1998, 22: 911 –935.

[156] Thangavelu S M, Owyong D T. Impact of Public Capital on the Manufacturing Productive Performance of Japanese Industries [J]. Applied Economics, 2000, 32 (12): 1515 –1520.

[157] Turnovsky S J. Pubilic and Private Capital in an Endogenously Growthing Economy [J]. Macroeconomic Dynamics, 1997, 1 (3): 615 –639.

[158] UNCTAD, World Investment Report 2005: Transnational Corporations and the Internationalization of R&D [M]. New York: United Nations Publication, 2005: 113.

[159] Wai U, Wong C. Determinants of Private Investment in Developing Countries [J]. Development Studies, 1982, 19: 19 –36.

[160] Wang Y, Yao Y. Sources of China's Economic Growth, 1952 –1999: Incorporating Human Capital Accumulation [J]. China Economic Review, 2001, 14 (1): 32 –52.

[161] World Bank, World Development Report 1994: Infrastructure for Development [M]. Oxford: University Press, 1994.

[162] World Bank, Vietnam Moving Forward: Achievements and Challenges in the Transport Sector [J]. Nvas Nieuwsbrief, 2009, 12 (10): 13 –14.

[163] Xu B, Lu J. Foreign Direct Investment, Processing Trade, and China's Export Sophistication [J]. China Economic Review, 2009, 20 (12): 425 –439.

后　　记

本书是在我的博士学位论文基础上修改而成的。

关于中国基础设施投资溢出效应的研究成果较为丰富，但对中国与其他经济体基础设施投资溢出效应进行系统地、全面地比较的文献较为匮乏。随着新兴经济体在国际经济和政治领域中地位的不断提升，进一步系统地比较研究新兴经济体基础设施投资溢出效应具有重要理论意义和现实意义。作为最具代表性的新兴经济体和发展中经济体，"金砖四国"是较好的研究对象。因此，在导师李东阳教授的细心指导下，我选择了《"金砖四国"基础设施投资溢出效应的比较研究》作为博士学位论文题目。本书的写作历时一年，写作过程辛苦却快乐。本书写作期间，我也曾经多次幻想自己写后记的时候会是一种什么心情，欣喜若狂？抑或如释重负？而当真正提笔写后记时，发现思绪指向的是对过往的回忆，内心感受到的是一种思维沉淀而产生的厚重感。

说到这里，由衷地感谢我尊敬的导师李东阳教授。在学习上，老师渊博的知识、独到的见解和严谨的科研态度感染着我，引导我一步一步进入学术的殿堂。在生活上，老师对待学生如同亲人般关怀备至、不图回报。回想起第一次见老师，紧张而兴奋，本还苦恼自己不够优秀和出色，自己是否有资格做老师的学生，当见到老师后，老师是那么平易近人、和蔼可亲，和我聊家常、关心我的个人问题，顿时心中的紧张和担忧完全消失，当时的画面我至今仍记忆犹新。真心感谢老师一直以来对我的鼓励、支持和帮助，让我明白了面对任何困难都应该乐观、积极地去克服。"一日为师，终身为父"，老师对我的这份恩情我将永远铭记于心。

感谢我的爱人邢银华。学术研究本身是一个艰辛的过程，感谢一直以来老公的陪伴，在帮助我排解压力、放松心情、保持良好心态等方面，老公功不可没。一起跑步、游泳、爬山、旅游、压马路，想到这些，心中不禁泛起了甜蜜的涟漪。这也是我顺利完成本书的重要原因。

感谢我的同门师兄师姐们：周学仁师兄、朱华师姐、郑磊师姐和鲍洋师姐。师门的温馨团结，让我在辛苦的求学途中倍感温暖，也让即将离开校园的我特别不舍。无论何时，周学仁师兄总先放下自己手头的事情，及时帮助师弟师妹们解答学术研究中的疑问，这份无私的帮助令我感动不已。

感谢我的好伙伴：陈海宇、廖晓慧和杨沫。回想过往，课堂上，我们相互学习、相互鼓舞；课间我们聊学术、聊美食、聊八卦；假期，我们一起参加辅导班，也会一起逛街，一起旅游……这份友情将永远留在我的记忆深处。

回忆过往，发生了太多事情，生活磨难、家庭变故，我也曾有过放弃博士学位的念头。但我最终克服了各种压力，并顺利完成本书，这一经历非常宝贵，让我对生活更加积极和乐观。当然，这一切更应感谢我的父母对我的支持和关怀，祝愿他们永远幸福健康！

最后，我要特别感谢刘茜副社长、于源主任，他们为本书的完善和顺利出版提供了莫大的帮助，再次深表谢意。

蔡甜甜
2021 年 11 月于大连